제주, 당신을
만나다

제주 바다와 산에서 만난, 당堂과 신神들의 소소한 이야기

제주, 당신을 만나다

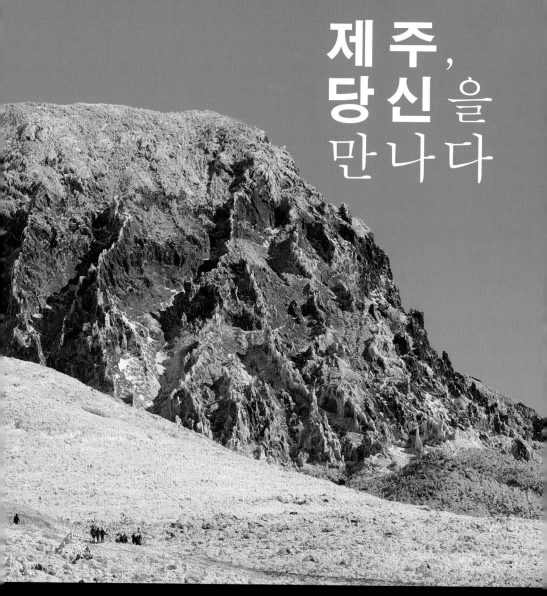

홍죽희, 여연 지음　김일영 사진

알렙

책머리에

　제주의 자연과 문화유산을 카메라에 담기 위해 중산간 마을을 누비고 다니는 사진작가와 제주 신화 이야기꾼이 되고자 하는 두 벗이 함께 길을 나섰다. 그동안 제주의 마을을 차례차례 돌며 지역별로 신들이 좌정하고 있는 본향당을 답사해 왔는데 이런 관행에서 벗어나 테마를 정해 놓고 신을 만나는 나름 신선한 일탈을 감행한 것이다. 그리하여 한라산 자락과 바닷길을 둘러보는 제주 신화 테마길을 열게 되었다.

　신화와 함께하는 우리의 테마길 하나는 한라산에서 솟아나 바람신으로 사냥신으로, 산신백관 풍수신으로 시대 흐름에 따라 혹은 지역에 따라 모습을 달리 하는 한라산신 하로산또를 만나러 가는 길이다. 그리고 또 한 길은 먼 바다 물길을 따라 제주섬으로 넘어와 사람들의 고단한 삶을 어루만져 준 미륵신을 찾아가는 바닷가 해안길이었다.

　세 사람의 나들이는 여유 있게 잡은 답사 일정만큼 보다 진지하고 집중된 대화를 할 수 있어 더욱 보람 있었다. 우리는 신이 좌정한 성소에서 신에 대한 이야기인 신화를 읽으며 생각에 잠겼고, 좌정한 신에 대

제주, 당신을 만나다

하여 여러 각도에서 짚어보며 우르르 몰려다닐 때는 미처 생각하지 못했던 단서들을 잡아낼 수 있었다.

한적한 한라산 길과 탁 트인 해안가를 걷는 여정은 기대 이상으로 상쾌하고 즐거웠다. 복잡하고 바쁜 일상에서 벗어나 시간을 거슬러 신화 시대로 걸어가는 숲길, 바닷길이 어찌 즐겁지 않겠는가. 동백나무에 앉아 빨간 동백꽃을 쪼아 먹던 새 한 마리의 날갯짓이 우리의 상상력을 더욱 자극하였고, 신목 팽나무 아래 서서 멀리 망망한 바다 수평선을 바라보다 여행지에서 돌아올 때마다 느끼곤 하던 고양된 심정이 고스란히 되살아나기도 했다.

신화는 그 시대를 살았던 신앙민들의 삶을 반영한다. 그래서 우리의 발걸음은 우리보다 앞서 살았던 우리네 할머니 할아버지들의 삶을 만나는 기회이기도 했다. 이는 곧 우리의 삶을 반추하는 계기가 되었다. 이제는 민간에서 전해 오는 신을 신앙하지 않는 시대이지만 신의 이야기인 신화가 우리에게 의미 있는 이유가 여기에 있다.

이 글은 딱딱하고 거창한 학자의 담론이 아니다. 또한 무게 있는 신들의 이야기만도 아니다. 신들의 이야기를 씨실 삼고, 앞서 제주 땅에 뿌리 내렸던 선인들의 이야기와 그 삶을 이어받은 우리들의 이야기를 날실 삼아 요즘 흔히 하는 말로 스토리텔링을 시도해 보았다. 여기에 제주의 산과 들을 그야말로 귀신에 씐 듯 훑고 다니며 건져 올린 사진 작품들을 배경 무늬로 깔아보았다.

이러한 우리의 이야기에 누군가 귀 기울여 준다면 그만한 보람이 없겠다. 관심을 가지는 사람이 늘어날수록 제주 곳곳에 남아 있는 신들의 성소인 신당을 보존하는 데 보탬이 되지 않겠는가. 앞으로 당신화를 스토리텔링하는 활발한 움직임이 이어지기를 바라는 마음도 가득하다.

이 글은 선인들의 삶의 이야기이기도 한 제주 신화와 문화유산인 신당이 잘 제대로 보존되기를 바라는 마음으로 이어나간 발걸음의 기록이다. 한 걸음 한 걸음 많은 사람들이 우리들과 함께하기를 바라는 마음으로 제주 신화 테마길을 열었다. 그리하여 제주에 살고 있는 사람들이 바쁜 일상에서 벗어나 한 번쯤은 성숲을 걸으며 앞서 걸어간 선인들의 삶을 생각해 보길 바라는 소박한 염원을 담았다. 또한 제주를 여행하는 이들에게도 겉으로 보는 관광이 아니라 바탕에 깔려 있는 제주의 속살을 들여다보는 속 깊은 여행이 되기를 바라는 마음이다.

이 글은 전체 2부로 되어 있다. 1부는 주로 바닷가 마을에 좌정하고 있는 미륵신 이야기를 담았다. 바다에서 건져올린 미륵돌을 모시고 나서 부자가 되었다는 윤동지영감당 이야기, 잠수(해녀)와 어부들의 생사를 넘나드는 바다의 삶을 어떻게 미륵신앙으로 극복했는지 생각해 보는 신촌 일뤠당과 함덕 서물당, 토속적이고 해학적이라는 평가를 받는 화천사 오석불 이야기가 뒤를 잇는다. 한라산 자락으로 가서 산신미륵을 만나고 나서, 한라산에서 산신이 내려와 거대한 암반을 신체로 삼은 하가리 큰신머들 새당도 둘러보았다.

2부는 한라산에서 솟아난 신 하로산또들의 이야기를 풀어내면서 산신이 좌정하고 있는 신당을 찾아가는 내용으로 이루어졌다. 사냥의 습성을 버리지 못해 부인으로부터 쫓겨나는 소천국 이야기와 강풍이 휘몰아치고 폭우가 쏟아질 때마다 신의 노여움을 떠올리게 하는 광양당신 이야기를 앞에 두었다.

제주, 당신을 만나다

그리고 아버지 소천국과는 달리 사냥신이면서도 또한 문장도 뛰어나고 늠름한 기상으로 마을을 지켜주는 하로산또 형제 이야기와 바람신이면서 바람을 제대로 피운 바람웃도에 대한 이야기가 뒤를 잇는다. 요즘 말로 거의 천재에 해당하는 재능을 보여주면서 도교의 신선을 떠올리게 하는 산신백관 하로산또들을 만나보고, 바다와 강남천자국을 평정한 영웅신 궤네기또 이야기도 음미해 보는 기회를 가졌다. 마지막으로 도두봉 허리에 자리잡은 오름허릿당의 존재감 없는 하로산또를 되살리고 나서 꼭대기에 올라 탁 트인 제주의 바다를 조망하였다.

글을 읽기에 앞서, 제주에서는 '신화'를 '본풀이'라고 한다는 것을 미리 알린다. '본풀이'는 신의 본(本)을 풀어낸다는 의미의 제주 말이다. 그래서 본문에서는 '신화'와 '본풀이'란 용어를 혼용하였다. 그리고 신들의 이야기를 풀어내다 보니 우리들의 개인사가 자연스럽게 흘러들어 곁들어졌음도 밝혀둔다.

미륵신과 한라산신 이야기를 두 사람이 각각 분담하여 정리했는데, 그러다 보니 간간히 겹치는 내용들도 있다. 한 마을에 여러 신들이 좌정하고 있고, 각자 자신이 맡은 주제에 따라 정리하다 보니 생긴 일이다. 하지만 나름대로 각자의 시선에 따라 조금은 색깔을 달리하는 해석도 나름대로 맛깔스럽지 않을까 하는 의미를 부여해 본다.

2020년
홍죽희, 여연, 김일영

차 례

2부. 한라산의 신들 :: 여연

1부
제주의 돌에서 신성을 느끼다

::

홍죽희

들어가며

◇ ◆ ◇

화산 활동으로 이루어진 섬, 제주는 섬 전체가 돌로 이루어져 있다 해도 지나친 말이 아니다. 20만 년 전부터 수천 년 전에 이르기까지 화산 활동을 통해 한라산이 만들어졌고, 한라산이 생성되기 훨씬 이전부터 크고 작은 화산 폭발로 360개의 오름이 생겨났다. 또한 화산 폭발과 함께 분출된 용암 덩어리들이 흐르고 흐르면서 제주 전역은 하나의 거대한 암반 덩어리에 다름 아닌 섬이 되었다.

돌이 많은 자연 환경은 제주 사람들의 삶에 결정적인 영향을 끼쳤다. 게다가 사면이 바다로 둘러싸인 절해고도 제주는 태풍이 불어닥칠 때마다 어김없이 언급되는 바람의 길목이었다.

그런 악조건에서도 제주 사람들은 시도 때도 없이 불어오는 거칠고 세찬 바람과 더불어 살아가기 위해 주변에 널려 있는 돌을 생활 속에

1부 제주의 돌에서 신성을 느끼다

끌어들이거나 신앙의 대상으로 삼았다. 바람을 막기 위해 돌로 담을 쌓았는데, 바람이 강한 섬의 특징을 고려하여 돌담의 구멍을 막지 않고 바람을 통하게 함으로써 강풍에도 무너지지 않게 했다. 심지어 죽은 자들의 영혼을 위로하고 아늑한 안식처가 되길 기원하면서 무덤을 에둘러 산담을 쌓기도 했다.

"돌 구들 위에서 나고, 산담 두른 작지왓(작은 돌이 깔려 있는 밭)에 묻힌다."

예로부터 전해지는 이 말 속에는 '돌에서 왔다가 돌로 돌아가는 사람들'이라는 자신들의 어려운 처지가 나타나 있다. 제주 사람들이 평생 돌과 함께 거칠고 팍팍한 삶을 살았다는 것을 느끼게 하는 대목이다.

시간의 흐름에 따라 많은 부분이 달라지고 변하였지만, 제주 선조들이 사는 집은 돌로 시작해서 돌로 마무리되었다 해도 과언이 아니다. 울타리, 올레, 울담, 산담, 밭담, 심지어 바닷가에 고기를 잡기 위해 둘러놓은 원담까지 모두 돌로 이루어졌다. 각종 살림 도구 역시 돌을 이용하여 의식주를 해결하였다. 그뿐만 아니라 돌로 마을의 허한 기운을 채워주는 방사탑을 쌓기도 하고, 죽은 자들의 넋을 지켜주는 동자석을 빚기도 했다.

제주의 돌은 오랜 삶의 역사에서 제주 사람들에게 절대적이면서도 숙명적인 존재였다. 제주의 선인들은 주변의 돌멩이 하나라도 허투루 하지 않고, 소통의 대상으로 삼아 왔다. 한라산 어딘가에서 혹은 바다에서 우연히 사람들과 인연을 맺게 된 돌은 단순한 돌을 뛰어넘어 인간 세계에 편입되어 새로운 관계를 형성하게 되었다.

사람들로부터 생명과 신성을 부여받은 돌은 곳곳에서 영혼이 깃든

죽은 자들의 넋을 지켜주는 동자석.
바람을 효과적으로 막아주고 밭을 정리해 주는 제주 밭담.

섬김의 대상으로 자리잡았다. 때로는 조상신으로, 때로는 생업수호신이거나 마을수호신이 되는 등 다양한 신앙의 형태로 존재하게 되었다.

임철우의 소설 『돌담에 속삭이는』에 이런 구절이 있다.

"돌담에 영혼이 깃들어 있어, 제주 섬에 가면 부디 돌멩이 한 개라도 무심히 밟고 지나지 말라. 돌담의 돌멩이 한 개라도 무심히 빼내어 허물지 말라."

제주의 돌은 제주인들의 한숨과 눈물의 상징이며, 세월의 무게를 함께 견디어 온 증거임을 전해 주는 말이다.

가장 원초적인 신당에서, 제주를 다시 바라보다

내 주변에는 제주 신화를 공부하는 지인들이 많다. 그들의 입을 통해서든 책을 통해서든 나 역시 자연스럽게 제주 신화를 접할 수 있다. 제주 신화는 두 이레 열나흘 동안 이어지는 제주 큰굿에서 심방에 의해 구술되는 열두 본풀이가 대표적이다. 하지만 제주는 한때 '당 오백 절 오백'의 섬이었으니 마을마다 신을 모신 본향당이 있었고, 다양한 기능과 역할에 따라 당에 좌정한 신들의 이야기가 적지 않게 전승되고 있다. 그래서 신화에 관심이 있는 사람들은 신당을 찾아 길을 나서곤 한다.

나도 가끔 짬이 나면 신화를 공부하는 벗들과 신당 기행을 하고 있다. 신당을 가는 길은 잘 정비된 곳도 있지만, 대부분 은밀한 숲속에 자리해 있어, 신당의 위치를 알고 있는 사람의 안내 없이는 갈 수 없는 곳

은밀한 숲속에 자리하고 있는 당(김녕 사장빌레 큰당).

이 많았다. 신당은 한라산과 오름으로 이어지는 산비탈에서, 들판을 지나 돌무더기 사이 나무들이 빽빽하게 밀집된 곶자왈 지대에서 어렵사리 만날 수 있었다. 자연 그대로의 아름답고 청정한 공간에서 제주의 가장 원초적인 신당을 만날 때면 경외감마저 느껴지곤 했다.

산 혹은 바다, 마을 한가운데 좌정한 신들에 관한 이야기는 너무 재미있었다. 제주의 신들은 굉장히 인간적인 모습과 성품을 가지고 있다. 조그마한 일에도 잘 삐치고, 싸움도 잘하며, 조금이라도 잘한다고 부추겨 주면 있는 것 없는 것 다 내어줄 것만 같은, 그야말로 올레길 언저리에서 언제라도 만날 수 있는 내 이웃 같았다. 제주인들의 시선과 관점으로 풀어낸 신화 속에는 제주만이 갖는 독특한 정서와 문화가 고스란히 담겨 있음을 오롯이 느낄 수 있었다.

내게는 신당 기행 할 때마다 떠오르게 되는 소중한 두 사람이 있다. 내 인생에 가장 큰 영향력을 끼친 '어머니'와 '외할머니'다. 두 분 다 불교 신자이긴 했지만, 무엇인가에 심하게 놀라거나 잔병치레 할 때마다 어린 나를 어딘가 절이 아닌 다른 곳에 데리고 가셨다. 해가 뜨기 전 가장 고요한 새벽녘쯤 촛불과 향을 피워놓고 정성스럽게 두 손을 모아 하염없는 기도를 간절히 드리는 모습이 아직도 내 머릿속에 잔상으로 남아 있다. 그러고는 어김없이 '보살'이라 불리는 사람이 내 등짝을 세차게 후려치거나 입에 잔뜩 물을 들이마시곤 내 머리 위로 시원하게 뿜어내는 의식 행위를 펼치곤 했다. 이른바 '푸닥거리'다.

어릴 적부터 내 주변의 어른들은 시시때때로 '삼승할망(삼신할망)'을 찾으셨다. 아이들을 보살펴 주는 신이 '삼승할망'이라는 두터운 믿음이 있었기 때문이다. 내가 조금만 놀라는 일이 생기면 외할머니는 머리 정수리 위에 손을 가볍게 얹고는 '삼승할망'을 불러내어 "우리 설운 애기, 오마, 넋 들여줍서!" 주문 기도하며 따뜻한 입김을 불어 넣어주셨다. '삼승할망' 덕으로 나는 미완성된 혼과 넋을 달래면서 비로소 어른이 되었다.

하루는 남편에게 나의 어릴 적 경험에 관한 이야기를 하면서 질문을 했다.

"왜 하필 이런 간절한 비념과 의식 행위가 '동이 트기 전 새벽녘'에 이뤄졌을까?"

남편은 어릴 적 자신도 수차례 비슷한 '푸닥거리'와 '넋들임'을 한 경험이 있다고 얘기했다. 그러면서 자신이 생각하기에 동이 트기 전 '밤'의 시간은 잡귀를 포함한 모든 '신들의 시간'이고, 동이 트면 비로소 '인간의 시간'으로 변하기 때문이 아닐까 생각한다고 말했다. 자신의 어머니도 제물을 담은 구덕(대나무 바구니)을 등에 지고, 서둘러 새벽녘에 집을 나서 신당을 향하셨다는 말도 덧붙였다.

그러면서 남편은 사춘기 시절의 이야기가 생각난 듯 들려주었다. 한 번은 친구 집에서 놀다 보니 늦게 귀가할 것 같다고 꾸중 들을 각오를 하며 어머니에게 전화를 드렸다고 했다. 그런데 어머닌 꾸중은커녕 '절대 밤길 다니지 말고 친구 집에서 잤다가 동트면 오라.'고 고맙게도 마음에 쏙 드는 말씀을 하셨다는 것이다. 신들의 시간에 다니다가 해코지를 당할 수 있으니, 인간의 시간에 움직여야 한다는 가르침이었다는 걸 어른이 되어서야 알았다고 했다.

내 어머니와 외할머니는 평생 남의 시선을 의식하면서 살았던 분들이시다. 짐작하건대 소문내지 않고 자신의 막막한 이야기와 고민거리를 들어 줄 누군가 필요했다. 하소연하고 마음의 응어리를 풀어주는 시간과 공간이 절실했던 것이다. 그러니 모두가 잠든 어두컴컴한 시각에 아직 아무런 손길이 닿지 않는 신성한 공간에서 간절한 소원이 이루어지길 빌고 또 비셨을 것이다.

신당 답사를 하면서 내가 눈여겨본 것은 신의 신체인 자연석이었다. 몇 년 전 해외 여행차 영국에 갔을 때 공중에 걸린 돌이라는 '스톤헨지(Stonehenge)'를 본 적이 있다. 종교적 숭배 장소로 추정되고 있는 거석 기념물이었는데 이곳에서 마을 사람들이 모여 신에게 제사를 지냈다. 농사를 짓게 되면서 곡물 수확을 기원하는 원초적인 신앙 의식이었다.

물론 육지부나 다른 나라에서도 종교의 숭배 대상이 되는 커다란 형태의 돌들이 있다.

　그런데 내가 제주의 바닷가 마을이나 한라산 자락에서 본 미륵돌은 크기와 형태에서 훨씬 작고 아담했다. 주로 바다 밑과 제주의 숲속에 있는 신기한 돌이었고, 사람의 형상이나 동물의 형상을 갖추고 있었다.

　일반적으로 한반도의 미륵신앙은 천지개벽을 꿈꾸는 민중불교의 한 흐름으로 자리매김하고 있는데, 미륵은 끊임없이 소용돌이치는 험한 현실에서 벗어나 새로운 세상을 꿈꾸는 신앙의 대상으로 등장한다. 미륵은 민중들의 마음을 훤히 들여다보는 영험을 가지고 있지만, 현실 세계에서 민중이 바라는 미륵 세상은 아득히 멀기만 하다. 신화학자 문무병의 『미여지벵뒤에 서서』를 보면, '(제주의) 미륵은 병들고 고통받는 사람들의 희망이다.'라는 대목이 있다. 사람들은 어둠에서 벗어나는 희망의 불씨로 미륵불을 마을 신당으로 모셔온다. 비록 새로운 세상과 시대의 변혁을 꿈꾸는 원대한 모습으로서의 미륵은 아니지만, 아이를 낳게 해주고, 부자가 되게 하고, 병을 고쳐주는, 친근하고 가까운 조상과도 같은 모습으로 나타난다.

물에서 건져올린 돌, 희망의 신앙으로

　제주의 미륵돌 중 대부분은 땅이 아닌 바다에서 올라왔다. 깊은 바다 속에 있다가 누군가에 의해 건져 올려진 먹돌이 결국 바닷가 마을에 좌정하여 미륵불이 되었다는 이야기는 흥미진진한 공상과학소설을 방불케 한다.

바다에서 고기를 잡는 어부의 낚싯줄에 걸려 올라온 먹돌은 아무 쓸모가 없어 다시 바다로 버려진다. 그런데 어부의 꿈속에 현몽하여 자신의 존재에 대해 알린다. 그리고 자신에게 정성을 다하면 미륵불이 되어 대대손손 잘살게 함은 물론, 아이를 낳게 해준다거나 병과 고통을 다스려주겠다는 약속을 한다.

이렇게 해서 신비하고 기이한 돌은 어부가 살고 있는 마을의 신당에 미륵불로 좌정하게 된다. 신성이 깃든 돌이 가난한 민중들에게는 희망의 신앙으로, 괴로움을 구제하려는 부처의 마음으로 존재하게 되는 것이다. 미륵인 돌부처는 어떤 사람들에는 '나에게 태운 조상'이라 여겨 조상신이 되기도 하고, 또 다른 사람들에게는 안녕과 건강을 비는 수호신으로 인연을 맺는다. 다시 말해 제주 사람들의 마음속에 있는 절실한 소망이나 꿈이 미륵으로 나타나 독자적인 민중 신앙 체계가 구축된 것이다.

신성이 깃들어 있는 미륵돌은 대부분 바닷가 마을 신당에 있는데 얼핏 평범하게 보이지만, 가난한 사람들의 마음을 추스르게 하는 미륵불이다. 이러한 미륵불은 '김녕 서문하르방당', '화북 윤동지영감당', '신촌 일뤠낭거리 일뤠당', '함덕리 서물당'에서 만날 수 있다.

어떤 미륵불은 절 뒷마당에 옮겨진 것도 있는데, 바로 동회천에 있는 '화천사 오석불'이 그 경우다. 숨가쁘게 한라산 자락까지 올라가서 만난 미륵불도 있다. 그것은 이름하여 살아 있는 전설, '마씨 미륵당'이다. 그리고 하가리 고내봉에서 만난 '큰신머들 새당 하르방당'의 미륵

복과 재물을 안겨준다는 화북 윤동지영감당, 미륵불이 모셔져 있다.
바닷가 마을의 당에 좌정한 미륵신은 어부와 해녀를 보호하고 고기를 많이 잡게 해준다.

바위는 거대한 산신의 형상으로 마을을 굽어보고 있다.

이 미륵불들을 둘러싸고 전해오는 이야기 속에는 다양한 의미와 영험들이 담겨 있다. 아들을 낳게 해주는 신으로, 마을의 안녕과 무사를 기원하는 신으로, 피부병과 전염병을 낫게 해주는 신으로, 때로는 어부와 해녀를 보호하고 고기를 많이 잡게 해주는 풍요의 신으로 제주 민중의 삶 속에 굳건하게 자리하고 있다.

그럼에도 불구하고 답사를 하면서 알게 된 안타까운 사실은 이러한 신당이 하루가 다르게 변모하고 있거나 사라지고 있다는 것이다. 무분별한 개발로 인한 훼손도 있지만, 당을 찾는 단골이 하나둘 마을을 떠나면서 자연스럽게 당을 방문하는 사람이 줄어들고 있다는 점이다. 우리가 찾아가는 신당이 언제 어떤 사연으로 사라질지 모른다는 안쓰러운 마음에 아직도 마을의 신앙공동체가 남아 있는 당을 찾아 오늘도 길을 나선다.

아들에 대한 간절한 소망

◇ ◆ ◇

어릴 적 내 별명은 '땅꼬'였다. 연달아 태어난 딸 다음엔 반드시 '아들 보기'를 바라는 뜻에서 붙여진 이름이었다. 어머니와 외할머니의 간절한 소망은 서로 다르지 않았다. 가부장적인 삶 속에서 끝없이 갈망하고 소원하던 것은 바로 '아들 기원'이었기 때문이다. 아들이 아니어서 아픈 손가락인 나는 게다가 한 번 울기 시작하면 쉬 멈추지 않는 소문난 울보이기도 했다.

셋방살이를 하는 우리 식구가 집을 빌리는 데 나는 늘 걸림돌이었다. 딸린 자식이 많으면 집주인이 무척 꺼렸기 때문이다. 내 커다란 울음소리는 실로 치명적이어서 집을 옮길 때가 되면 어김없이 외할머니댁에 맡겨지곤 했다.

당시 남아선호사상은 결국 외할머니를 이른바 '칠거지악'의 하나를

범한 죄인으로 전락시키고 말았다. 뒷방 할망 신세가 되더니 결국에는 분가하기에 이르렀다. 외할머니의 팔자를 이어받으셨는지 어머니 또한 그토록 소원하던 아들은커녕 딸만 줄줄이 낳은 죄인 중의 죄인이었다.

아들을 낳기 위한 어머니의 몸부림은 더욱 간절해져만 갔다. '땅꼬'라는 별명의 효험도 없었던지 다시 딸을 낳았고 그 이후에야 간절함이 하늘에 닿았는지 마침내 대를 이을 아들을 얻을 수 있었다.

그렇게 소원하던 귀한 아들을 얻고 나서야 어머니는 그동안의 자괴감과 자책에서부터 벗어날 수 있었다. 짐작하건대 두 분은 신통방통 용하다는 곳을 수도 없이 찾아다니면서 아들을 낳게 해준다는 돌미륵 앞에서 소원 성취를 위해 간절하게 기도를 올리셨을 것이다. 이렇게 돌미륵을 모신 신당 중에서 아들 낳는 데 효험이 있는 당이 있다. 바로 김녕 바닷가에 있는 서문하르방당이다.

김녕 바닷가 해신미륵 서문하르방당

2020년 새해 1월, 겨울철인데도 화창하게 햇살이 밝은 날, 서김녕리 서문하르방당의 미륵신을 만나기 위해 길을 나섰다.

'구좌읍 서김녕리 서문하르방당'은 옥색으로 빛나는 바다를 옆에 끼고 있는 미륵신당이다. 서김녕리 신호등 삼거리, '영등물고개' 바닷가에 있다. 옛날 김녕마을에 동문, 서문이 따로 있었는데, 하르방당이 서문 밖으로 옮겨지면서 '서문하르방당'이라는 이름으로 부르게 되었다.

서문하르방당 가운데 미륵신이 바다를 보며 평온한 모습으로 앉아 있다.
서문하르방당 미륵신은 아들을 낳게 하는 효험이 있다.

2년 전에 신당 기행차 이곳에 들른 적이 있어서 나에게 그리 낯선 곳은 아니었다. 그런데 큰 길가에서 내려다보이는 당 주변의 모습을 보고 깜짝 놀랐다. 그때와 비교할 수 없을 정도로 많이 달라졌기 때문이다. 2년 전만 하더라도 신당으로 내려가는 길이 따로 없었다. 그래서 나는 답사 일행의 도움을 받으면서 잡목과 풀이 무성한 언덕배기를 아슬아슬하게 내려가야만 했다. 불과 몇 년 사이에 계단과 길이 새롭게 만들어졌고, 누구나 쉽게 방문하여 휴식과 전망을 즐기도록 평상이 있는 정자가 세워져 있었다.

　서문하르방당 주변 일대를 정비하면서 당의 울타리는 겹담으로 둘러놓았다. 안쪽에 잘 다듬은 돌담 울타리가 있고, 다시 바닷가 쪽으로 견고하게 더 둘러 쌓아놓았다. 바다에서 불어오는 강하고 세찬 바람으로부터 당을 보호하겠다는 의미가 담겨 있었다.

　서문하르방당 한가운데 있는 미륵돌이 당의 신체이다. 2년 전에 본 미륵돌 모습은 영락없이 사람의 형상 같았는데, 이번에 자세히 보니 언뜻 물범이나 바다코끼리의 모양과 비슷했다. 일행들이 저마다 보는 각도에 따라 한마디씩 하는 동안에도, 여전히 미륵돌은 파도 소리가 가득한 바다를 향해 평온한 모양으로 앉아 있었다.

　미륵돌 앞에는 자연석을 포개어 삼은 제단이 있고, 그 뒤편으로 뽕나무 한 그루가 서 있었다. 이 나무도 역시 이 당의 신목이라고 했다. 이곳은 돌담뿐만 아니라 작고 둥근 조약돌로 일일이 바닥을 깔아놓아 분위기가 훨씬 고즈넉했다.

　제단 위에 한 세트의 요구르트가 가지런히 놓여 있어, 요즘 신당에 바치는 제물은 참 신식이구나, 하는 생각에 정겨움이 느껴졌다. 그런데 마음 한편으로는 신당을 잊지 않고 방문하는 것은 좋은데, 제단에 올렸던 음식들은 말끔하게 치워주는 게 도리가 아닌가?라는 생각이 불현듯 들기도 했다. 신당은 성스러운 장소라서 이곳을 깨끗하게 보존하려는 지혜가 필요하다는 마음이 일기도 했다.

조금 눈길을 옮기니 제단 아래 종이돈 천 원짜리 한 장도 보였다. 바람에 종이돈이 날아가지 않게 작은 돌 하나 얹어놓았는데 이 또한 누군가의 작은 정성이리라. 제단 옆으론 빨갛고 노란색의 조화가 곱게 장식된 것으로 보아 우리 일행이 오기 전에 누군가 찾아와서 치성을 드린 모양이었다.

답사 일행들과 이런저런 얘기를 나누며 제단 주변의 상황을 살펴보는데, 투명한 병 속에 둘둘 말아놓은 유인물 한 다발이 눈에 띄었다. 병 겉면에는 '필요하면 한 장씩 가져가도 좋다.'는 친절한 메시지도 적혀 있었다. '파평 윤씨 제주도 문중회장'이 제공하고 있는 자료인쇄물이었다. 찬찬히 읽어보니 '서문윤동지하르방당의 유래와 효험'이란 제목으로 매우 상세하게 안내하고 있었다.

김녕 서문하르방당 본풀이

지금으로부터 200년 전 김녕리에 윤씨하르방 부부가 고기잡이하면서 살고 있었는데, 슬하에 자식이 없음이 한이 되었다. 어느 날 영감이 다른 어부들과 바다에서 고기를 잡고 있었는데, 낚시에 고기 대신 이상한 모양의 돌미륵이 걸려 올라오면서 주위가 환하게 밝아지고, 물이 용솟음치며 물결을 이루었다. 이를 이상하게 여긴 뱃사람들이 함께 그 돌을 올려보니 바라보는 방향에 따라 형상을 달리하는 돌기둥이었다.

그때부터 어부들이 낚시를 드리우면 갈치가 무리 지어 올라오는데, 윤씨하르방 낚시에는 또 돌기둥이 올라왔다. 이상한 일이라 생각하며 배 한 쪽에 그 돌기둥을 모시고 준비해 간 음식물로 제를 지내고 나니, 갈치뿐만 아니라 고급 어종까지 수두룩 잡히는 게 아닌가. 처음에는 신이 났으나 점차 두려움이 생겨 윤씨하르방 일행은 조업을 중단하고 한개포구(김녕항)로 돌아왔다.

그 후 윤씨하르방은 그 돌미륵을 마땅히 모셔 둘 장소가 없어서 한개포구에 던져버리고 말았는데, 다음 날부터 풍파가 일기 시작했다. 보름 동안 계속해서 궂은 바람이 불더니 고기잡이는커녕 마을에도 막대한 피해를 줬다. 초가지붕이 날아가고 농작물이 물에 잠기는 참사가 잇따라 벌어지는 것이었다.

비바람이 부는 어느 날, 윤씨하르방 꿈속에 백발노인이 나타나서 "이곳은 추워서 도저히 못 견디겠으니 따뜻한 곳으로 옮겨 달라."고 말했다. 윤씨하르방은 지난날 은덕을 져버린 자신의 잘못된 행위에 대해 빌고 또 빌었다.

그러자 백발노인은 "내가 있을 곳은 바닷속이 아니라, 뭍(육지)에서 자식을 원하는 사람들에게는 산신(産神)으로, 집안에 우환이 있어 평안을 원하는 사람에게는 수신(守神)으로, 재물이 없어 쪼들리는 사람에게는 재물신(財物神)이 되어 잘 사는 마을을 만들어 주고자 너를 따라 왔거늘, 나를 이렇게 박대할 수 있느냐? 라고 말하면서 바다 위를 유유히 걸어 사라져 버렸다.

동이 트자마자 포구로 달려가 던져버린 돌미륵을 건지려고 했더니, 드러누워 있으리라 생각했던 돌미륵이 모래 위에 딱 서 있는 것이 아닌가! 윤씨하르

서문하르방당의 울타리는 안팎으로 돌담이 놓여 있다.

방은 돌미륵을 양지바른 지금의 이곳에 안치하고, 돌로 제단을 둘러 당신(堂神)으로 모시며 정성을 다하게 되었다.

한편, 윤씨하르방 부인의 꿈에 관세음보살이 자주 나타나더니 사십도 넘도록 자식이 없어 시름하던 그들에게 자식을 점지해 주었다. 이 소문이 곧 마을에 퍼져 마을의 아낙들이 찾아와 자식을 기원하면서 치성을 드리게 되었다.

그 이후 이웃 마을까지 영험이 있다는 소문이 알려져 자식, 재물, 집안의 평안을 바라는 사람들이 치성을 드리기도 하고, 육지 상인들도 영등물을 통해 김녕리에 들어오면 제단 밑에 엽전을 뿌리며 소원을 빌곤 했다.

　　　　　—파평윤씨제주도문중회장 교육학 박사 윤두호 제공 자료에서 재인용

유인물 말미에는 오늘날의 서문하르방의 돌미륵이 일부 유신론자에 의해 훼손되었으나, 원형을 보존하려고 노력하고 있으며 '파평윤씨 김녕 자손'들이 이곳을 관리하고 있다고 덧붙이고 있었다. 민간 신앙의 성소가 자꾸 사라지는 요즘, 이러한 작은 노력이 한편으론 짠하면서도 고맙게 느껴졌다.

이곳 서문하르방당도 원래 '나에게 태운 조상'이라 하여 한 일가에서 섬기던 조상신이었는데, 탁월한 효험이 알려지면서 점차 마을 전체로 신앙권이 넓혀진 것임을 알 수 있었다. 또한 미륵 신앙의 특징 중에서 기자(祈子)와 산육(産育)을 관장하는 원초적인 미륵 신앙의 일면을 잘 보여주고 있었다. 무엇보다도 서문하르방당 돌미륵과 관련된 이야기는 내 외할머니와 어머니가 눈물나게 원하셨던 '아들'에 대한 간절함이 그대로 반영되어 더욱 실감났다.

자료에 의하면, 날짜를 택일하여 심방을 모시고 당에 가면, 심방은

서문하르방당을 정비하기 전 모습.
현재 새롭게 정비된 서문하르방당.

수룩춤(아기 낳기를 기원하는 춤)을 추면서 바랑(바라)으로 점을 친다고 한다. 바랑이 두 개 모두 자빠지면 딸이고, 두 개 모두 엎어져 바랑의 꼭지가 보이면 아들이다. 하나는 자빠지고 또 하나가 엎어지면 더 공들여 치성을 드려야 한다. 제물은 시루떡, 메, 과일, 일곱 자 걸렛베, 바랑 끈(바라 천), 지전, 실 두 가름, 채소 등이다. 제물을 가지고 다녀오면, 다음에 갈 때도 같은 양, 같은 제물을 가지고 가야 한다.

김녕 서문하르방당 주변 해안 산책길

◇ ◆ ◇

당에서 나와 해안 산책길을 설레는 마음으로 걸어 보았다. 서문하르 방당 옆에는 김녕 해녀 마을의 상징으로 해녀 모습을 한 귀여운 인형들이 정겹게 서 있었다. 바다 내음이 코끝을 자극하는 해안길의 바다는 햇빛에 반사되어 눈부시게 빛났다. 쉴 새 없이 부서지는 파도의 울림을 느껴보는 것도 답사하는 즐거움 중의 하나였다.

해안길을 걷고 있노라니 오래전부터 주민들이 사용하던 용천수가 눈에 띄었다. 다른 곳의 용천수들이 많이 오염되거나 말라버린 데 비해 여전히 물이 맑고 깨끗하게 유지되고 있어서 한 모금 떠 마시고 싶어졌다. 한라산에서 내려온 물이 땅 밑으로 흐르다 해안에서 솟아오른 용천수니까 여름에는 시원하고 겨울에는 따뜻하리라. 마을 앞 얕은 바다 위 두 곳에서 물이 끊임없이 솟고 있는 것을 보면서 물바가지라도 하나 갖다 놓

서문하르방당 중심으로 바닷가 산책길을 조성해 놓았다.
바닷가에 올라온 용천수는 식수나 목욕용으로 사용했다.

고 지나는 올레꾼들에게 차고 단 물맛을 느끼게 해주면 좋을 것 같았다.

하늘에 떠다니는 하얀 뭉게구름과 싱그러운 바다 냄새를 느끼며 걷고 있을 때, 답사를 함께 하는 친구가 탄성을 질렀다.

"저기, 원앙새!"

출렁이는 바다 위엔 형형색색의 원앙새 떼들이 이곳 김녕 바닷가에서 겨울을 나고 있었다. 이렇게 가까이에서 원앙새 무리의 신비로운 풍경을 만나다니! 옥빛 바다 위에 고운 꽃을 피워놓은 것처럼 원앙새들이 바닷물결에 가볍게 몸을 맡기고 있었다. 넋 놓고 바라보게 하는 이 광경이야말로 우리 일행에게 자연이 주는 특별한 선물이었다. 게다가 원앙새는 '부부의 사랑과 금슬의 상징'이 아닌가? 신기하게도 원앙새들은 저마다 맑고 고운 휘파람 소리를 내고 있었다.

이 소리를 어떻게 표현할 수 있을까. 이렇게 마음을 간지럽히면서도 상쾌하기 그지없는 소리를 말이다. 원앙새의 휘파람과 쉴 새 없이 두 발로 물살을 일으키는 소리를 듣는데 갑자기 며칠 전 떼죽음 당한 원앙새에 관한 기사가 떠올랐다.

서귀포 해군기지가 들어선 강정천 부근에서 겨울을 나던 원앙새들이었다. 천연기념물로 마땅히 보호받아야 할 원앙새들의 안타까운 죽음에 대한 소식에 마음 한쪽이 아프면서도 화가 치밀었다. 여기 원앙새들은 '서문하르방'의 지극한 보살핌으로 무사하게 겨울을 날 수 있기를 기원해 본다.

원앙새들이 바닷물결에 하늘거리며 놀고 있다

김녕의 서순실 심방

◇ ◆ ◇

김녕마을에 갈 때마다 떠오르는 사람이 있다. 바로 '서순실 심방'이다. 1980년대 초반, 대학교 2학년 여름으로 기억된다. 현재 놀이패 '한라산'의 전신인 극단 '수눌음'에서 활동하면서 제주 굿에 대해 관심을 가질 무렵이었다. 김녕 어느 집에서 큰굿을 한다기에 선배 언니와 동행한 적이 있었다. 알고 보니 그 집의 딸이 '심방(무당)'으로 서는 신굿(입무굿)'을 하는 자리였다.

대문 안으로 들어서 보니 여러 사람들이 옹기종기 둘러앉아 있었다. 신당 단골인 마을 사람들과 몇몇 굿 연구가들이었다. 처음엔 낯선 사람들과 마주 앉아 있기가 어색했다. 무엇보다 나를 압도한 것은 굿을 하는 장소에 걸려 있는 다양하고 화려한 깃발 장식들이었다. 잎이 푸른 대나무에 백지를 묶어 장식한 것도 신기했다. 주로 종이를 접고 오려서 만든 장식물들을 '기메'라 부른다. 이 모든 장식물이 '신의 형상'을 표현한다는 것을 그때 알았다.

솔직히 말하면 굿판에서 심방이 읊어대는 사설은 잘 알아들을 수가 없었고, 도무지 이해가 되지 않았다. 그런데 연일 울려 퍼지는 악기들의 합주는 굿의 분위기를 더욱 실감나게 하였다. 작은 심방인 '소미'들의 '연물 장단'이었는데 대양(징), 설장고, 연물북, 설쇠로 한 팀을 구성하여 장단을 맞췄다. 심방의 손짓과 발짓 그리고 몸짓의 흐름에 따라 느리고 빠르게 연주하며 마치 영혼의 울림을 주는 역동적인 굿판을 연출하였다.

굿을 하다가 중간 휴식 시간에 떡과 과일을 나눠 먹으며 얘기를 나누다 보니, 얼마 지나지 않아 분위기에 익숙해졌다. 굿의 제차 중 '연유닦음'이 시작되었다. 신의 매개자인 큰심방이 신에게 "이 공서를 올리는 이유……"로 시작해서 굿을 하는 사연을 고했다. 그 얘기를 전달받은 신이 다시 심방을 통해 인간에게 이야기를 들려주는 '영게울림'을 했다. 큰심방이 눈물 수건을 적시며 들려주는 이야기에 참석자들은 물론이고 나도 눈물을 훌쩍이기 시작했다.

신병이 나면 반드시 굿과 같은 의식을 거행해야만 하는 걸까? 아니면 꽃다운 20대의 '순실 언니'가 숙명적으로 심방이 되어야만 하는 걸까? 나에겐 그런 사연이 애달프고 슬퍼서 눈물을 주체할 수 없었던 기억이 선명하다. 일주일 넘게 큰굿 현장을 다녀온 후 며칠 동안 앓아누웠지만, 제주도 굿을 바라보는 시선이 한결 부드러워졌다. 무엇보다도 제주 굿에 대해 관심을 넘어 연구하고자 하는 학자들이 그렇게 많은 줄 새삼 깨달았다.

세월이 많이 흘러 그사이 '서순실 심방'은 두 이레 열나흘 큰굿을 할 수 있는 큰심방으로 거듭나 유명세를 더해 갔다. 김녕마을을 대표하는 굿의 메인 심방이며, 제주큰굿보전회 회장이기도 하다. 제주 큰굿은 제주도 무형문화재로 지정되어 보호받고 있다.

김녕은 '부(富)하고 평안(平安)한 마을'이라는 뜻이 담긴 곳이다. 그리고 제주 섬 특유의 무속 신앙이 엄청 센 곳인데, 신화마을이라 할 정도로 섬기는 신도 많다. 현재 보존된 신당만 해도 다섯 곳이나 된다. 마을 전반을 수호하는 신을 모신 당은 '동김녕 궤네깃당'으로 제주 지역에서 최초로 돼지를 제물로 삼은 돗제가 치러진 곳이기도 하다. 그리고

굿을 집전하는 서순실심방, 현재 제주큰굿보전회 회장이다.

어선과 해녀를 관장하는 신당으로 '동김녕리 성세깃당'이 있으며, 강남 천자국에서 내려온 관세전부인을 모시는 큰당도 있다. 관세전부인을 모시는 '김녕 본향 사장빌레 큰당'은 서순실 심방이 매인 심방으로 3~4년에 한 번씩 정월 13일에 당제를 올린다.

제주인을 닮은 오석불,
그리고 새미마을

◇ ◆ ◇

'아들 낳기'에 효험이 있다는 또 다른 돌미륵이 회천마을에 있다. 동회천의 화천사 오석불이 바로 그것이다. 아직까지도 그 효력이 남았는지 화천사를 찾아오는 불교 신도 이외에 신자가 아닌 사람들도 오석불 앞에서 아기 낳기를 빈다고 한다. 이따금 입시를 앞둔 수험생 부모님들이 찾아와 기도를 드리기도 한다.

새해 정초, 겨울바람에 귀가 얼얼했지만 제법 햇볕이 비쳐 그런 대로 화사한 날, 화천사 오석불을 답사하기로 했다. 오늘 기행은 도련에 사는 친구와 신화를 연구하고 있는 후배와 함께하기로 했다. 출발하기 전 친구의 집에서 남편이 손수 만든 떡국을 맛나게 먹은 후에 기행 길을 나서니 마음이 한결 풍요로워졌다. 친구의 집에서 차를 타고 수다를 떨 새 없이 10분이 채 안 되어 동회천마을에 도착했다.

1부 제주의 돌에서 신성을 느끼다

도로 옆으로 동회천마을 입구임을 알려주는 커다란 표지석이 눈에 확 들어왔다. 이곳 회천마을은 제주시 봉개동 다섯 개 마을 중의 하나로 봉개동과 와흘리의 중간에 있는 중산간 마을이다. 동회천인 '새미'와 서회천인 '가는새'라는 두 개의 마을로 이루어져 있다. 회천동은 제주 시내와 매우 인접해 있고, 각 마을을 잇는 도로가 여기저기 생겨나 중산간 마을이라 말하기가 무색할 정도이다. 몇 해 전에 도련으로 향하는 도로가 개설될 때, 문화재 지표조사를 하면서 신석기 유적과 집터가 발굴된 지역이기도 하다.

우리 일행은 오석불을 만나기 위해 화천사 뒤편으로 발걸음을 옮겼다. 뜰 안으로 발을 내딛는 순간 탄성이 나올 만큼 우리를 압도한 것은 오래된 고목인 '폭낭(팽나무)'들이었다. 실로 웅장하고 늠름한 거목의 자태가 이곳이 '신령이 깃든 영험한 곳'임을 느낄 수 있었다.

토속적이고 해학적인 오석불

당집을 둘러싼 고풍스러운 옛 돌담의 풍경에 절로 감탄이 나왔다. 당집 안 가운데에 돌미륵들이 나란히 좌정해 있고, 그 아래에 잘 정돈된 제단을 볼 수 있었는데 평소에 마을 사람들이 관리를 잘하고 있다는 생각이 들었다.

조심스럽게 다섯 개의 돌미륵에 가까이 다가갔다. 돌미륵 군데군데에 풀이끼들이 끼어 있었고, 그 위로 콩짜개란이 발을 뻗고 있어 시간의 흔적을 여실히 느낄 수 있었다. 흥미롭게도 다섯 개의 돌미륵들은 제각기 다른 얼굴과 표정을 짓고 있었다. 가능한 인공을 덜 가미한 모습과 유머러스한 표정들이 마을 어디에서나 만날 수 있는 개구쟁이의 형상을 하고 있어 푸근한 느낌마저 들었다.

이 돌미륵들을 좀 더 자세히 들여다보니 우리 제주인들의 모습을 그대로 담고 있다. 뭉툭한 코와 꾹 담은 입술로 정면을 응시하는 미륵, 어수룩한 시골 노인의 모습을 한 미륵, 비스듬한 자세로 무언가 골똘하게 생각하는 미륵, 허공에 시선을 고정하고 무심하게 바라보고 있는 미륵, 커다란 눈을 내리깔고 반성하는 자세로 다소곳한 표정을 짓고 있는 미륵 등 보이는 인상 그대로 흉내를 내보니 입가에 절로 미소가 번졌다.

사람들은 기이하게 생긴 제주의 현무암 하나하나에 숨결을 불어넣어 자신들이 생각하는 신선의 모습을 간단하고 절제된 손길로 다듬어 놓았구나 하는 생각이 들었다. 이 돌미륵들의 크기는 높이가 65센티미터 정도로, 그 모습이 작고 아담하나 강단 있어 보였고, 비록 투박하나 인간적인 모습에 더욱 정감이 갔다.

미술평론가 유홍준은 『나의 문화유산 답사기』 제주편에서 이 오석불을 만난 소감을 이렇게 밝히고 있다.

"서민적이고 해학적이고 무속적이고 제주도적인 모습에 절로 웃음이 나면서 깊은 정을 느끼게 된다. 불상을 보거나 돌하르방을 볼 때는 전혀 느낄 수 없는 인간적 체취이다. 삼다도의 그 많은 돌 중에서 인체를 닮은 것, 얼굴을 닮은 것 다섯 개를 골라 거기에 이목구비만 슬쩍 가했을 뿐인데 누구도 석상 아니라고 할 수 없는 인간미가 넘친다."

이처럼 오석불은 서민적인 제주인들의 토속적, 해학적 모습을 잘 담

오래된 고목인 팽나무와 고풍스러운 돌담을 배경으로 오석불이 앉아 있다.
제주인들의 모습을 그대로 담고 있는 오석불.

아내고 문화재적인 가치를 인정받게 되어 현재 제주시 유형문화유산 제3호로 보호되고 있다.

오석불의 유래와 석불제

◇ ◆ ◇

신화학자 문무병의 책 『미여지뱅뒤에 서서』에 의하면, 400여 년 전 회천마을이 형성되기 전인 고려 시대부터 이곳 절동산에 절이 있었다고 한다. 실제로 이곳 인근에서 고려 시대의 것으로 보이는 기와나 도자기 파편 등이 출토되었다는 기록이 있다. 그런데 18세기 초, 이형상 목사가 제주의 당과 절을 파괴할 때, 이 마을에 있던 큰 절도 불타 없어졌다. 그 이후 마을 청년들이 계속해서 죽자, 마을 사람들은 이것이 절이 파괴된 탓이라고 여기고는 사찰에 남아 있던 자연석인 '오석불'을 가져와 이곳에 모시게 되었다 한다.

현재의 화천사는 1960년 중반 무렵에 세워졌는데, 절동산에 절을 다시 지어야 한다는 마을 사람들의 염원이 반영된 것이라 전해지고 있다. 제주도의 대부분 미륵불은 민간 신앙으로 신당 안에 모시고 있지만, 회천동에서는 민간 신앙으로서의 미륵 신앙을 다시 사찰 안으로 들여와 불교화한 특이한 과정을 가지게 되었음을 알 수 있다. 또한 불교 사찰이 민간 신앙을 잘 포용하는 사례로도 볼 수 있을 것 같다.

회천동은 고려 시대부터 목축을 주업으로 삼았는데, 오석불을 모신 석불단에는 수렵·목축신에 해당하는 산신미륵, 잠수·어업신인 요왕

미륵을 동시에 모시고 생업의 풍등을 기원했다고 한다. 특히 옛날 전염병인 콜레라가 창궐하던 때에 오석불이 지켜주어 마을 사람들이 모두 무사했다는 이야기도 전해지는 것으로 보아 마을의 정신적 수호신이었음이 분명하다.

많은 세월이 흐른 뒤에도, 오석불이 영험한 돌미륵이라 소문이 나서 개인적으로 찾아가 기도 드리는 경우가 많고, 특히 득남을 원하는 사람이나 행방불명자를 찾는 사람들이 기도를 드린다고 한다. 이곳은 여느 마을의 미륵 신앙과도 같은 효험을 가진 것으로 기자(祈子) 신앙과 마을공동체 신앙이 복합적으로 이루어지고 있음을 잘 알 수 있다.

이곳에선 해마다 새해 첫 정일(丁日)에 포제를 지낸다고 한다. 일반적으로 마을 포제는 마을공동체의 안녕과 생업의 풍등(豊登)을 기원하고, 공동체 구성원들의 일체감을 확인하는 유교식 제례라 할 수 있다. 그런데 이곳 석불제는 다른 마을의 포제와 구분되는 몇 가지 특징들이 있다.

우선 석불제를 지내기 전에 석불에 백지로 만든 송낙을 씌우고 종이옷을 입혀 무명실로 허리를 감싸 치장을 하고, 제사가 끝날 무렵에는 석불에 입혀 놓았던 종이옷을 벗겨내어 불에 사른다.

다른 마을에서 제를 지낼 때 통돼지를 제물로 삼는데, 여기에서는 돼지고기를 절대 쓰지 않고 떡, 메, 과일, 채소만으로 제물을 올린다. 유교식 마을 포제이나, 돼지고기와 같은 육류를 부정한 음식으로 취급하는 것으로 보아 불교식 색채를 띠고 있음을 알 수 있다.

석불제 이름 또한 석불열위지신(石佛列位之神)이라 하여 형식적으로는 유교식 마을제이지만, 민간 신앙적 요소를 동시에 지니고 있는 불교식 마을제임을 알 수 있다. 이곳 마을 남성들이 불교 의식에 따라 이 석불단에서 마을제를 열어 주민안녕, 무병장수, 오곡풍등, 육축번성을 빌고 전염병이 범접하지 못하게 해달라고 기원한다.

삶의 고단함과 미래에 대한 불안감은 예나 지금이나 별반 다르지 않은 것 같다. 마을 수호신으로서 미륵불을 섬겨야 했던 제주인들의 절박했던 상황과 어려움이 절실하게 다가온다. 제주 사람들은 마을의 안녕과 개인의 소망을 염원하며 '오석불'과 같은 원초적인 형상의 돌미륵을 끊임없이 여기저기에 만들고 세웠으리라 짐작할 수 있다.

오석불을 둘러 보면서 신화 연구를 하는 후배에게 오석불과 같은 돌미륵이 제주도에 많이 남아 있느냐고 질문을 했다. 제주도 마을마다 당이 꽤 많이 있었는데, 일제 강점기부터 시작되어 1970년대 새마을 운동 기간에 본격화된 미신 타파 운동으로 당 신앙이 크게 약화되었다고 대답했다. 도시개발과 함께 마을 길을 넓히면서 당에 모신 신상도 파괴되었고, 심지어 일제에 의해 밖으로 유출된 것도 많아 제주도에서 당의 신상을 볼 수 있는 곳이 얼마 남지 않았다고 아쉬움을 토로한다.

신성함이 있는 오석불을 오랫동안 마음에 담으려고 거듭 살피는 순간, 한 커플이 '오석불' 제단을 향해 들어오고 있었다. 우리 일행을 의식해서인지 잠시 멈칫하는 것 같아 우린 서둘러 자리를 비켜주었다.

민간 신앙터에 안치된 4·3 희생자 위령비

◇ ◆ ◇

화천사 오석불 신당에서 내려오면, 현대식 돌담으로 둘러싸인 '4·3 희생자 위령비'와 마주하게 된다. 위령비 아래 제단 양쪽으로 하얀 사자 석상이 있는데 화려함과 위엄이 서려 있고 무언가를 지키려는 듯 단단히 서 있다. 가까이 다가가면 100여 명이 훨씬 넘는 희생자 이름을 새긴 각명비도 볼 수 있다. 작은 마을임에도 불구하고 수많은 인명 피해가 있었음을 단번에 알 수 있다.

이 4·3 희생자 위령비가 화천사와 오석불 바로 옆에 위치한 이유가 아마도 억울하게 돌아가신 원혼을 위무하기 위해서가 아닐까 하는 생각이 들었다. 특히 오석불에 담긴 내력과 의미를 알고 나니, 위령비를 조성한 마을 사람들의 깊은 속마음을 읽을 수 있었다. 옛날부터 오석불은 마을에 크고 작은 위기가 닥쳐올 때마다 비념의 대상이 되었음은 물론 마을공동체의 수호신과 같은 존재였다. 4·3 희생자 위령비를 민간신앙터와 가까이에 둔 것은 4·3 당시 무고한 영혼과 넋을 위로하고, 더는 걱정 없는 사후세계를 기원하는 의미가 담겨 있을 거라 여겨졌다.

처음 이 마을에 들어서면서 주변의 올레길과 과수원에서 울창한 대나무숲을 볼 수 있었는데, 4·3 당시 무참하게 불타서 없어진 마을과 집터였음을 짐작할 수 있었다. 이곳 어르신들은 험한 난리 속에서 아무런 죄 없이 쫓겨났던 고향으로 돌아와, 폐허가 되다시피 한 마을을 다시 일으켜 세웠다. 생죽음을 당해 차마 눈도 못 감고, 원통한 혼령으로 떠돌고 있을 넋을 위로하는 4·3 위령비 문구를 읽는 내내 마음이 아프

민간 신앙터인 화천사 오석불 옆에 안치된 동회천마을 4·3 희생자 위령비.

고 숙연해지면서 눈시울이 뜨거워졌다.

새미숭물과 새미숲

◇ ◆ ◇

4·3 희생자 위령비를 둘러보고, 바로 왼쪽에 있는 좁은 골목길로 올라 새미숲으로 발길을 향했다. 막바지 감귤 수확철인지 길에는 사람들이 보이지 않았고 고요하기만 했다. 마을의 골목길엔 대나무숲이 끝없이 펼쳐지고 있다.

새미숲에 들어서기 전, 돌무더기로 둘러싸인 샘물터(물통)를 만났다. 이 샘물터는 자연 상태를 최대한 살린 옛 그대로의 모습을 하고 있다. '동회천 새미숭물'이라고 불려지는 이 샘물터의 돌담 벽에 그 내력을 소개하는 안내판이 부착되어 있다.

이 물은 순수한 자연생수로 1960년대 중반까지 마을 사람들이 음용수로 이용했는데, 예전에 이 물은 아무리 가물어도 물이 마른 적이 없다며 찬사를 늘어놓고 있다. 게다가 이 물로 인해 미인과 훌륭한 인물이 탄생했고 무병장수했다는 내용은 샘물터에 대한 강한 자긍심을 느낄 수 있다. 샘물터의 물통 바닥은 수심이 얕아 물이 고여서 정체된 것처럼 보이지만, 그 바닥을 유심히 관찰하니 소량이긴 하지만 암반 밑으로 산물이 흘러나오고 있다. 샘물터의 입구에 내려가는 돌계단이 있고, 위쪽엔 물구덕을 올려놓았던 물팡이 보였다.

문득 우리 어머니와 할머니의 물허벅이 떠올랐다. 물이 귀한 시절,

오석불 석불제와 득남을 기원하며 기도할 때 사용했던 새미물.

두 분 모두 샘물터에 가서 물을 길어 나르는 일이 고된 하루의 시작이었다고 옛날을 회상하시곤 했다. 특히 어머니는 물허벅을 구덕에 지고 집에 오면 땀범벅, 물범벅으로 옷이 다 젖어 결국 눈물범벅이 되었다는 뼈 아픈 우스갯소리도 하셨다. 동회천마을 여자들 또한 물구덕을 등에 지고, 이곳 샘물터에서 물을 길어 나르며 힘든 아침을 맞이했으리라.

예전에 이 샘터의 물은 부정을 씻어내는 정화수로, 마을의 번영을 위한 제수로 오석불 석불제 때에 사용되었고, 득남을 기원하는 여성들이 새벽에 이 신성한 새미물을 떠다가 정성껏 기도를 드렸다고 전해지고 있다. 지금은 지하수 개발 등으로 인해 샘물이 많이 말라버린 모습이

1부 제주의 돌에서 신성을 느끼다

지만, 그래도 다행스럽게 샘물터가 훼손되지 않고 자연 그대로 남아 옛 정취를 느낄 수 있었다. 예전에 이 샘물 말고도 두세 개의 샘물터가 더 있었다 하니, 한라산과 오름에서 내려온 물줄기들이 이곳에서 솟아올라 샘터가 되지 않았을까 유추해 본다.

무엇보다 수백 년 전에 물을 중심으로 마을이 형성되었는데, 그 이름이 무척 인상적이었다. 예전에는 '새미' 또는 'ᄀ는 새(가는 새)'가 마을의 이름이었다. 얼마나 어여쁜 이름인가! 근데 생명수인 물을 중심으로 생긴 마을 이름이 조금씩 바뀌어, '샘물 맛이 일품이다' 해서 '천미(泉味)'라 불리다가 나중에 공식 지명을 한자어로 바꾸는 바람에 '회천(回泉)'이 되었다고 한다. 그런데 지금도 마을 어르신들은 '새미'나 'ᄀ는 새'라는 옛 지명을 부르고 있는 것으로 봐서, 옛 마을에 대한 자부심을 고스란히 간직하고 있는 건 아닌가 하는 생각이 들었다.

새미숲은 도련에 살고 있는 친구가 틈이 날 때마다 수시로 드나드는 산책 코스라 한다. 숲 입구 양쪽에 부모를 따라온 아이들과 낭만적인 연인들을 위한 그네가 보기 좋게 자리하고 있다. 산책하기 좋게 정비된 돌담길 바닥은 친환경 소재인 식생 매트로 깔려 있었다. 숲은 마치 시크릿 가든처럼 펼쳐졌다. 이 기분을 표현하자면 요즘 말로 '소확행'임이 확실하다. 흙냄새인지, 풀냄새인지, 마치 산림욕장에 있는 듯한 느낌이다.

숲속에서 중년으로 보이는 한 부부를 만났다. 뭔가를 열심히 줍고 있었는데 '구실잣밤나무' 열매였다. 제주어로는 '제밤'이라 하는데 고소한 잣과 밤 맛이 함께 나는 도토리다. 벌써 한 손에 봉지 한 가득 담고 있었다. 이제는 거의 볼 수 없는 모습인데도 불구하고, 제밤으로 만들어 먹는 도토리묵 맛의 향수를 아는 부부를 만나서 무척 반가웠다.

호젓한 새미숲길을 걷다.

겨울철임에도 숲속은 따뜻하고 푸르름으로 가득했다. 오밀조밀한 돌담길, 신기하게도 바위틈에 뿌리내린 나무들, 원시적인 양치식물, 안새통 습지, 맨발로 걸어도 좋음직한 붉은 화산송이길 등 곶자왈 특성이 두루두루 갖춰 있다.

회천분교의 아련한 추억

새미 곶자왈 숲 근처에 계단을 따라 올라가다 보면 커다란 콘크리트 창고를 마주하게 된다. 동회천마을 공동보관창고다. 들어서는 순간 그 주변으로 정글짐처럼 사각 철제들이 겹겹이 쌓여 있다. 숲 주변의 환경과 너무 어울리지 않는다는 점이 눈살을 찌푸리게 했지만, 밭에서 수확한 무나 양파를 보관하는 곳이라 한다. 창고 안에서는 아주머니들이 시중에 유통 판매할 양파들을 바쁘게 다듬고 있었다. 창고 주변에서 마을을 내려다보니, 노랗게 익은 감귤 풍경으로 장관을 이루고 있다. 예전에 회천동은 목축이 주산업이었는데, 최근엔 80% 이상이 감귤 농사를 짓고 있다고 한다.

마을 공동보관창고를 지나니 회천분교가 보였다. 잔디가 넓은 운동장과 교실은 옛 모습 그대로다. 이곳은 내가 어렸을 때 놀러 와본 적이 있는 추억의 장소이다. 1970년대 중반쯤에 작은아버지가 회천분교장으로, 이곳 관사에서 생활했다. 신작로가 없었을 그 무렵엔 아주 드물게

완행버스만이 있어 제주시에서 출퇴근하기란 여간해선 불가능한 일이었을 게다.

내 기억을 더듬어 보면 당시 이곳은 중산간 오지 마을이 아니었나 하는 생각이 든다. 버스는 요란하게 덜컹거렸는데 그 와중에도 나는 잠을 잤다 깨다를 반복했다. 가도 가도 산이 짙은 숲과 나무들만 보여, 언제 도착하느냐 하며 보채는 나를 언니가 어르고 달랬던 기억이 선명하다.

천천히 학교 주변을 돌아보기 시작했다. 작은어머니가 내어주신 고구마를 먹으면서 신나게 놀았던 학교 운동장과 관사는 여전히 남아 있었다. 하지만 작은아버지는 애석하게도 몇 해 전 세상을 떠나셨다. 교문 입구의 오른쪽에는 비석들이 즐비해 있다. 회천분교를 건립할 당시 도움을 준 분들의 이름이 새겨져 있는 기념비들이었다. 학교를 위해 땅을 선뜻 내놓았을 뿐만 아니라 학교의 수도시설과 전기시설에 도움을 주신 분들이었다. 회천마을 주민과 더불어 재일동포에 이르기까지 제주 아이들의 교육에 대한 각별한 열의와 무한한 애정이 깃들어 있었다.

기념비 주변엔 무궁화 나무들이 심어 있다. 회천분교는 30년 넘는 세월을 뒤로하고 아쉽게도 취학 아이들의 감소로 폐교된 상태이다. 그동안 캠핑장으로 이용하다가 최근 들어 제주도 교육청 주관으로 회천분교를 생태교육공간으로 구성할 예정이라 한다. 회천마을의 오석불과 새미숲, 새미물, 4·3 위령비 등과 연계한 교육의 장소로 거듭나서 아이들이 뛰어놀 수 있으면 좋겠다. 해맑은 웃음소리, 재잘거리며 뛰놀던 아이들의 소리와 풍경이 되살아났으면 한다.

이제는 폐교가 되어 버린 회천분교에서 아련한 추억을 나누다.
기념비는 아이들의 교육에 무한한 열의와 애정을 보여준다.

부자가 되게 하는 미륵신

◇ ◆ ◇

제주 신화를 접하다 보면 제주 민중들의 진솔한 경험 세계와 인생살이의 속살을 알 수 있다. 화산섬 특유의 거친 박토에 뿌리를 내리고 하루하루 생활을 이어나간다는 것은 결코 녹록한 일이 아니었을 것이다. 막막하고 의지할 데조차 없었던 제주 사람들은 척박한 삶의 문제를 신화 속에 투영시켜 때론 위안을 받고, 때론 보다 나은 미래를 꿈꾸며 살아왔다.

오늘 만나게 될 미륵신은 화북동 윤동지영감당에 좌정해 있는데, 신앙민들에게 복과 재물을 안겨준다는 이야기를 간직하고 있다. 그렇다고 무슨 엄청난 큰 부자가 되기를 바란 것은 아니었다. 그저 가족들이 굶지 않고 배고픔에서 벗어났으면 하는 평범하지만 절실한 기원이었다.

답사 인원은 나를 포함하여 세 사람으로, 비교적 단출한 답사길이다. 이동하는 차 안에서 새해 안부를 물으며 화북마을을 향해 달린 지 10분

　　　　　　　　　　1부 제주의 돌에서 신성을 느끼다

도 채 안 되어 목적지에 도착할 수 있었다. 한때 내가 살았던 화북주공 아파트가 눈에 들어오자 오래된 친구를 만난 것처럼 반가웠다.

화북동은 제주시 동부권의 생활 중심지로 별도봉과 연결된 해안 마을과 농사를 주업으로 하는 마을 그리고 화북공업단지 등으로 이루어져 있다. 예로부터 제주 관문의 하나인 화북포구를 통해 외부와의 문물 교류가 활발한 지역으로 알려졌는데, 바닷가를 따라 해안도로가 생기면서부터 마을의 옛 모습을 잃어가고 있는 것 같아 한편으론 안타까운 마음이 들었다. 더군다나 최근 들어 대규모의 아파트 단지가 도로 위편을 중심으로 조성되면서 많은 인구가 몰리고 있는 곳이기도 하다.

화북 윤동지영감당에 좌정한 미륵신

화북 윤동지영감당을 가기 위해 바닷가 쪽으로 내려가는데 마을길 분위기가 무척 어수선하다. 마을로 들어가는 동네가 도시개발공사로 인해 여기저기 파헤쳐 있는 것이 눈에 들어왔다. 예전에는 이 골목 어귀로 접어들면 나무나 넝쿨이 우거진 잡목 숲이 있었던 것으로 기억하는데, 지금은 잡목은커녕 오롯한 옛길의 흔적도 사라졌고, 속살이 뒤집힌 땅덩어리만 황량하게 드러누워 있었다. 주말이어서 그런지 공사장 주변에는 멈춰선 덤프트럭과 커다란 포크레인들이 눈에 보였고, 정돈되지 않은 채 여기저기 버려진 건축 폐기물과 잡다한 생활 쓰레기들이 넘쳐나고 있었다.

이 마을 주변이 공사판으로 어지럽게 변해 버린 탓으로 화북 윤동지 영감당은 찾기가 쉽지 않았다. 사방이 온통 파헤쳐져 예전에 이곳을 답사한 적이 있다던 친구도 당황할 정도였으니 말이다. 기억을 애써 더듬으면서 걷다가 마침내 하얀색 창고로 보이는 건물을 발견하였다. 그 앞으로 돌담이 남아 있는 소로길이 당올레이다.

멀리서 바라보니 둥그런 돌담 울타리가 눈에 띄었는데, 그곳이 바로 우리가 찾고 있는 윤동지영감당이었다. 하지만 눈앞의 풍경이 어찌나 황량한지 초행길이 아닌 친구는 연신 탄식을 쏟아내었다. 어이없게도 공사장에서 흔히 볼 수 있는 '위험, 안전제일'이란 테이프가 신당 주변을 두르고 있었다. 공사를 하는 사람들에게 신령스러운 공간인 신당만은 절대 건드려선 안 된다는 불문율이 작용했을까. 아니면 신당을 출입하는 단골들의 간절한 요청에 의한 것인지 몰라도 사방이 파헤쳐진 가운데 다행스럽게도 윤동지영감당은 옛 모습을 간직한 채 온전하게 남아 있었다.

신당은 마을의 신이 거주하는 신령스러운 공간이다. 대부분 '신의 몸'은 나무인데, 이곳 '윤동지영감당'은 바다에서 주워 온 '미륵돌'을 신체로 섬기고 있다. 윤동지영감당은 예전에 주변이 덤불로 덮여 있어서 그런지 돌담을 두른 울타리 안쪽은 더욱 가라앉은 느낌으로 다가왔다. 외로이 앉아 있는 미륵신 앞에 미리 준비해 간 술을 올리고 향을 피운 후 예를 갖춰 우리의 방문을 알렸다. 그리고는 그곳에서 윤동지영감당 본풀이를 읽으며, 이 미륵신이 이곳 사람들과 어떤 인연을 맺고 있는지 살펴보는 시간을 가졌다.

화북 운동지영감당 본풀이

화북 마을에 윤씨 성을 가진 어부가 갈치를 낚으러 바다에 갔다. 원하는 갈치는 잡히지 않고, 이상한 돌덩이가 올라왔다. 어부 윤씨는 올라온 돌덩이를 바다에 던져버리고, 다시 낚싯줄을 드리웠는데 이상하게도 같은 돌덩이만 올라오곤 했다. 세 번째도 네 번째도 계속해서 올라오니 '참으로 이상한 일이구나' 고개를 갸웃거리며 중얼거렸다. 하는 수 없이 돌덩이를 뱃머리에 조심스럽게 올려놓으면서 조용히 말했다.

"혹시 나한테 태운 조상이라면 이 바다에서 고기를 많이 낚게 해줍서."

신통하게도 그때부터 계속해서 고기가 올라와 배가 넘칠 만큼 가득 채우게 되었다. 만선을 이룬 윤 씨는 화북포구로 돌아와서는 돌덩이가 베풀어 준 은혜를 까마득히 잊어버리고 그 돌을 내팽개쳐 버렸다. 그 후 이 돌은 화북포구를 드나드는 어선들이 닻줄을 매는 용도로 쓰이면서 돌덩이의 허리가 점점 조여지기 시작했다.

그로부터 어부 윤씨는 몸에 부스럼이 나고 점점 아프기 시작했다. 온갖 약을 쓰고 의원을 찾아도 낫지 않으니 윤씨는 결국 심방을 찾아가게 되었다. 심방은 "석상미륵 돌부처의 조화우다. 돌부처가 베풀어 준 은덕을 잊고 포구에 함부로 버리는 바람에 낮에는 볕 이슬 맞고 밤에는 찬 이슬 맞게 되어 돌부처를 푸대접한 죄를 받고 있는 거우다."라고 말하였다.

그제야 자신의 잘못을 깨달은 어부 윤씨는 부랴부랴 달려가서 포구에 팽개쳐 있는 미륵돌을 동네 안으로 옮겨 정성껏 모시게 되었다. 결국 어부 윤 씨는 병이 낫고, 동지라는 벼슬도 얻어 부자가 되니 그 소문이 마을에 자자하였다.

도시개발로 파헤쳐진 화북 윤동지영감당 주변 모습.
윤동지영감당의 미륵신, 하얀 종이옷을 입혀 곱게 단장한 모습.

그런데 마을 청년들은 미륵돌을 정성껏 모시는 윤동지 어른에게 "히여뚝헌 짓 허염수다.(아무 소용없는 일을 하는군요.)"라고 불만스럽게 말하면서 석상미륵 돌부처가 있는 곳에 불을 놓아 태워버리려고 했다. 이 순간 깜짝 놀랄 일이 벌어졌다. 석상미륵 돌부처가 활활 타오르는 불길 속에서 스스로 걸어 나오는 것이 아닌가!

이 기이한 장면이 벌어지는 동안 불을 지른 청년들은 순식간에 물에 빠져 죽는 일이 벌어졌다. 이런 끔찍한 일이 있고 나서 윤동지 어른은 마을 바깥 밭 옆에 정성껏 울담을 두르고 당을 만들어 신성한 미륵돌을 모셔놓았다. 그로부터 지금까지 미륵돌은 주로 윤씨 집안에서 섬기는 조상신이 되었다.

원래 이 미륵돌은 경상북도 안동시에 있는 절에 있던 부처상이었는데 제주도 관음사라는 절에 이 석상을 모시기 위해 육지에서 갖고 들어오는 중이었다. 그런데 관탈섬 근처에서 광풍으로 배가 파선되는 바람에 미륵돌은 잠시 사신용왕으로 들어갔다가 어부 윤씨의 낚싯줄에 올라온 것이었다.

—진성기의 『제주도 무가본풀이 사전』의 내용을 재정리함

이 신화의 내용은 바닷가 마을에 좌정한 다른 미륵돌 이야기와 그 맥락이 유사하다. 어부에 의해 바다에서 건져 올린 이상한 돌덩이가 나에게 태운 조상이라 여겨 집안의 신으로 모셨는데, 그 후 벼슬을 얻고 건강을 되찾았으며 부자가 되었다는 것이 그 핵심 내용이다.

이 신화를 좀 더 깊이 들여다보면 바다 건너 들어온 미륵돌을 마을 사람들이 받아들이는 과정에서 세대 간 갈등 양상이 나타난다. 윤씨 어른이 섬기고 있는 미륵돌을 마을 청년들은 부정하고 있다는 점이다. '아무런 득이 되지 않은 쓸데없는 짓'이라 생각하며 미륵돌을 불에 태

위 없애버리려 하자 불을 지른 청년들이 바다에 빠져 죽는 끔찍한 일이 발생한다. 한 마디로 동티가 난 것이다. 마을 청년들은 영험한 미륵돌을 함부로 건드려서 스스로 재앙을 초래하고 말았다.

특히 미륵돌이 화염을 뚫고 스스로 걸어 나오는 모습은 마치 영화 속의 한 장면처럼 매우 극적이다. 그동안 윤씨 어른이 미륵돌을 섬겨 동지라는 벼슬을 얻고 부자가 되었다는 소문이 마을에 퍼졌지만, 마을 청년들에게는 그저 소문일 뿐, 헛된 망상이라 치부하고 있다. 그런데 화염을 헤치고 걸어 나오는 미륵돌은 인간의 힘을 넘어선 초자연적인 신의 모습으로 등장한다. 순간적으로 사람들은 대단한 위력을 가진 미륵돌 앞에서 납작 엎드리며, 함부로 대우한 자신들의 잘못을 빌고 앞으로 고이 받들어 모실 것을 다짐했을 것이다.

마침내 미륵돌은 마을 신당에 좌정하게 되고 영험한 신으로서 마을 사람들로부터 대접받으며 윤씨 집안의 조상신으로 정성껏 모시게 되었다는 결론을 맺고 있다. 화북 윤동지영감당에 있는 미륵돌의 유래는 바다 건너 들어온 불교 신앙이 어떻게 제주의 원초적인 신앙과 융합하는지를 잘 보여주는 사례로 여겨진다.

화북 윤동지영감당 안의 풍경

화북 윤동지영감당은 내가 생각했던 것 이상으로 독특한 느낌을 주는 곳이었다. 우선 내 시선을 사로잡은 것은 작은 돌집 안에 모셔진 미륵돌인데, 돌 전체가 하얀 종이로 둘러싸여 신비로우면서도 엄숙한 자세를 취하고 있다. 누가 이런 정성을 쏟아 놓았을까! 새해를 맞이하여 이곳에서도 신께 세배를 드리는 제를 지내는데 윤씨 집안 자손들이나 마을 단골들이 정성을 들여 곱게 단장을 한 것이라 여겨졌다. 그래서인지 미륵돌이 더욱 신성한 느낌으로 다가왔다.

그 모습을 가만히 들여다보니 하얀 백지 한 장으로 미륵돌 전체를 감싼 후, 머리 부분에는 스님의 고깔처럼 단아하게 모자를 씌워놓았고, 종이를 둘둘 말아 허리띠 모양으로 만들어 허리춤에 감아놓았다. 전체적으로 하얀 종이옷을 입은 미륵돌은 마치 스님과 같은 형상이다.

제단 주변에 있는 작은 돌에도 머리수건처럼 하얀 종이가 씌워져 있었는데, 그것 하나만으로도 다정한 할망처럼 느껴졌다. 손바닥 위에 올려놓아도 될 정도로 작고 앙증맞은 여신이라고나 할까. 미륵돌 양쪽에는 두 개의 조그마한 청거북 자기가 놓여 있다. 아마 이곳이 바닷가와 인접해 있어 바다거북 모형을 갖다 놓은 게 아닌가 싶었다. 그리고 당의 제단 앞에 타다 남은 양초와 향이 있었다.

요즘도 윤 씨 집안에서 굿을 할 때 미륵돌을 군웅(조상신)으로 놀리는데(즐겁게 대접하는데), 제물은 메 4그릇, 돌레떡 4개, 과일 3개, 삶은 계란 4개를 올린다 한다. 하나는 석상미륵 몫이고, 나머지는 해신(용왕) 몫이라 한다. 간간이 마을 사람들도 집안의 평안을 위해서 이 당을 찾는다고 전해진다.

이렇듯 화북 윤동지영감당에 모셔진 미륵돌은 가난한 어부에게 벼슬도 주고 부귀영화를 안겨주면서 피부병을 다스려주는 영험한 신의 형상이다. 거듭하여 집안에 경사를 바라거나 혹은 재앙과 화를 피하려면 꾸준하게 지극정성으로 미륵돌을 돌봐야 한다는 것을 말하려고 했던 게 아닐까 한다.

오늘 이곳 화북 윤동지영감당을 답사하는 동안 미륵불에 하얀 종이를 씌우는 유래가 무척 궁금하던 차에, 문무병의 『제주의 성숲 당올레 111』에서 그 의문점이 풀렸다.

화북의 윤씨 집안에서 미륵돌을 조상신으로 모셔 부자가 되었는데 점점 시간이 흐르면서 그 존재를 까마득히 잊고 있었다. 미륵돌은 화북 진성의 돌 틈에 끼워진 채 방치되어 비바람에 마모되고 있던 것이다. 이로 인해 자손들뿐 아니라 화북 마을까지 온갖 피부병이 만연하게 되었다. 마치 괄시받은 돌부처의 긁힌 피부처럼 말이다. 이를 안 자손들이 눈비에 마모된 미륵돌을 다시 하얀 종이에 싸서 잘 모셨더니 재앙이 없어지고 평안하였다고 한다. 이렇게 해서 미륵돌에 하얀 종이옷을 입히게 된 것이다.

미륵불에 하얀 종이를 씌우는 의례 행위는 동회천 화천사 오석불에 하얀 종이를 감싸는 형태와 비슷하다고 느껴졌다. 화천사 석불제에도 제를 지내기 전에 석불에 백지로 만든 송낙을 씌우고 종이옷을 입혀 무명실로 허리를 감싸며 스님과 같은 모습으로 치장을 한다.

옛 조상들은 바다와 한라산에서 가져온 돌에 생명과 신성을 불어넣어 초월적인 신앙의 대상으로 삼았는데, 미륵돌이 때로는 한 집안의 조상신으로 때론 마을 수호신으로 자리매김하게 된 것은 외부에서 들어온 불교 신앙을 배척하지 않고 토착 신앙으로 승화시킨 결과물이라 볼 수 있다.

부의 신, 도깨비를 모시는 영감당

◇ ◆ ◇

한 어부가 미륵돌을 주워다 조상으로 모시자 부자가 되었다는 신화의 내용은 제주의 어느 마을에 도깨비를 조상으로 모셔 삽시에 부자가 되었다는 이야기와 다소 비슷한 데가 있다.

도깨비 역시 미륵신처럼 절해고도의 섬, 탐라인의 삶 속에 끼어든 이질적인 신격이며, 외지에서 들어온 신이다. "나를 잘 대접하면 부귀영화를 시켜준다"라는 약속을 하며 제주 사람들에게 다가온다. 일반적으로 전통 설화 속에 등장하는 도깨비는 특성상 사람과 쉽게 친해지고, 재물이며 희귀한 보물까지 갖다 주는 존재로 등장한다.

신화학자 문무병은『제주도 본향당 신앙과 본풀이』에서 도깨비 신화에 대해 설명을 하면서, 육지 본토에서는 도깨비가 신앙의 대상이 아닌 그저 설화에 등장하는 존재에 불과하지만, 제주도에서의 도깨비는 신격화된 신앙의 대상이라고 말한다. 도깨비 신은 주로 어촌마을을 중심으로 분포되어 있는데, 한림읍 비양도 송씨영감당, 제주시 도두리 쇠촐래미 영감참봉또를 모신 영물당 등이 대표적이다. 도깨비가 재물을 불려주고 부자가 되게 해주는 신이라는 이유로 아직도 장사나 운수업, 어업에 종사하는 집안에서는 도깨비를 조상으로 비밀리에 모시는 경우가 적지 않다고 한다.

부자가 되게 해주는 도깨비는 홀대하거나 잘 대접을 하지 않으면 무서운 보복이 뒤따르는 재앙신으로도 존재한다. 화북 윤동지영감당의 미륵돌도 마찬가지다. 초자연적인 신의 형상으로 미륵돌을 모시던 사

유네스코 문화유산으로 지정된 칠머리당굿 영감놀이.

람들이 부자가 되고 나서 초심을 잃고 미륵돌을 무관심하게 방치한 채 푸대접하니 집안 구성원들에게 피부병 등 고통을 주기도 했다.

예전에 제주도에서 오랫동안 연희 활동을 해온 놀이패 〈한라산〉이 공연한 마당극 '영감놀이'를 재미있게 구경한 적이 있다. '영감'은 제주 지역에서 '도깨비' 혹은 '도체비'를 높여 부르는 말이다. 무속에 나오는 굿놀이인 '영감놀이'를 일반인들도 쉽게 이해할 수 있도록 재미있고 신명 나게 연출한 작품이다. 종이탈을 쓰고 영감으로 분장한 도깨비들이 횃불을 들고 제를 지내는 곳으로 들어온다. 종이탈을 쓴 영감들이 수전 증으로 달달 떨고 있지만 무서운 공포의 대상이 아니다. 괜한 앙탈을 부리며 해학과 풍자로 와자지껄 수선을 떨다가 결국 영감을 위해 차려 놓은 음식들을 잘 대접받은 후 '서우젯소리'에 맞춰 신명 나게 춤을 추면서 섬을 떠나는 것이 주요 내용이다.

원래 이 놀이는 영감신이 들어와서 생긴 병을 치료하거나 고깃배를 새로 짓고 배의 수호신을 들여앉혀 바닷길의 안전과 풍어를 기원할 때 또는 마을에서 당굿을 할 때 실연되었다고 전해진다.

영감이라 부르는 도체비나 화북 윤동지영감당의 미륵돌은 모두 바다 건너 외부에서 들어온 신들이지만, 잘 달래고 대접하면 소원을 성취해 준다는 공통점이 있다. 각박한 섬 생활을 초자연적으로 극복해 보려는 제주 민중들의 꿈이 반영된 것이 아닌가 싶다. 마을에서 거친 바다밭을 일구며 사는 사람들은 영감당을 설립해 놓고, 도깨비신께 혹은 미륵신께 만선을 기원하고, 배고픔에서 벗어나고자 하는 소망을 간절하게 빌었던 것이다.

부자가 되게 해준다는 윤동지 영감당을 나오면서, 부자가 되고자 하는 소망이 사실 서민들의 애환과 무관하지 않다는 생각이 들었다. 부지런히 사진을 찍고 있던 김일영 작가도 여러 가지 생각들이 오가는지 입을 열어 속마음을 드러내었다. 요즘 그는 작은 여행사를 운영하면서 어려운 경영난을 타개해 보려고 고군분투하는 중이라 했다.

"패배자를 뜻하는 '루저'라는 말이 나에게는 절대 해당하지 않을 거라 생각했어요. 그런데, 시간이 가면 갈수록 무한경쟁을 일상으로 경험하다 보니, 내가 혹시나⋯⋯? 경쟁에서 패배하면 결국 개인 탓으로 돌리는 게 현실이잖아요. 먹고사는 문제만이라도 해결되면 좋겠는데 생활의 불안은 여전해요. 이런 사회의 풍토에서 '부자 되세요'라는 말이 나에겐 그리 와 닿지는 않지만, 듣기는 좋아요. 실은 마음속으로 이 미륵신에게 부자 되게 해달라고 빌었어요."라며 함박웃음을 지었다.

화살을 맞은 돌, 삼사석이 있는 유적지

화북 윤동지영감당을 나서면서 도시 개발로 인한 공사로 온통 파헤쳐진 마을을 다시 한 번 돌아보았다. 앞으로 이곳 신당이 어떤 모습으로 변해 있을지 그때까지 신당은 무사할 수 있을지 이런저런 생각을 하며, 삼사석이 있는 유적지에 잠깐 들렀다.

삼사석 유적지는 세 개의 작은 돌멩이를 탐라국 건국신화의 유물로 모셔놓은 장소이다. 이곳은 제주시 화북동과 삼양동 사이, 왕복 6차선인 도로변에 위치하고 있어 찾기에 그리 어렵지는 않다. 그러면서도 일부러 찾거나 눈여겨보지 않으면 그 존재를 잘 알지 못하는 곳이기도 하다. 거대한 건물이 세워져 있는 것도 아니고, 화려한 간판을 걸어놓은 것도 아니어서 더욱 그렇다. 하지만 마음먹고 가까이 다가서면 아름드리 팽나무와 배롱나무를 배경으로, 현무암으로 된 석함에 담겨 있는 세 개의 돌이 자못 신성한 분위기를 풍기고 있어 절로 마음을 가다듬게 하는 곳이기도 하다.

제주의 '시조신화' 하면 삼성혈에서 솟아난 '삼신인(고을나, 양을나, 부을나)'을 떠올린다. 이 삼신인이 벽랑국의 세 공주를 부인으로 맞은 후 거주할 땅을 정하기 위해 화살을 쏘아 올렸는데, 그 화살이 꽂혔던 돌이 바로 '삼사석'이다. 양을나가 쏘아올린 화살이 떨어진 곳을 '일도'라 하고, 고을나의 화살이 떨어진 곳은 '이도', 부을나가 쏘아 올린 화살이 떨어진 곳은 '삼도'라 정하였다. 실제로 일도, 이도, 삼도 일대는 탐라 시대 이후 제주의 중심 지역이기도 했다. 이곳에 오곡의 씨앗을 뿌리고 가축을 키워 백성들이 많아지니 부강해졌다는 신화가 지금까지 전해지고 있다.

조선 영조 11년(1735년)에 제주 목사 김정(金淨)은 삼성 신화를 듣고, 관련 유적을 확인한 후 삼사석비를 세웠는데, 원래의 삼사석비는 삼성혈 경내에 세워져 있었다. 현재 화북동에 있는 삼사석비는 '고, 양, 부' 성씨를 가진 사람들에 의해 다시 세워진 것이다.

물론 사람이 땅에서 솟아났다고 하면 믿을 사람이 어디 있겠냐만, 누구나 알다시피 대부분의 시조신화는 그 권위와 신성을 부여하고 모범이 될 만한 본보기와 신비한 현상이 첨가하면서 각색되기 마련이다.

탐라국을 세운 삼신인이 활을 쏘아 맞혔다는 돌.

　나는 좀 더 가까이 가서 삼사석 옆 제단의 석실 속에 있는 세 개의 돌
멩이를 자세히 들여다보았다. 삼신인이 자기 영역을 가르기 위해 화살
을 쏘아 올려 맞혔다는 돌멩이 한가운데에서 숭숭 뚫린 구멍 흔적을 볼
수 있었다. 구멍 뚫린 돌들을 바라보면서 화살로 돌을 뚫을 정도로 엄
청난 신기를 가졌던 탐라국 신화 속 주인공인 삼신인들의 원초적인 모
습을 떠올려 보았다.

　제주시청 어울림마당에 큰 벽화가 있는데, 수렵 생활을 하는 삼신인
과 벽랑국 세 공주의 모습이 그려져 있다. 장대한 기골, 부리부리한 눈,
수려한 얼굴을 하고 가죽옷을 입은 삼신인과, 오곡 씨앗을 가지고 온

　　　　　　　　　　　　1부　제주의 돌에서 신성을 느끼다

세 공주의 모습은 벽화를 감상하는 사람마다 입장과 관점이 다르겠지만 탐라의 옛시조에 대한 무한한 상상력을 자극하기에 충분하지 않을까 여겨지기도 한다.

이곳에 있는 삼사석을 화살을 맞은 돌이란 뜻으로 '시사석(矢射石)'이라고도 하고, 화북동 일대 이곳 주변을 '살쏜디왓'이라고 부른다고 한다. 삼사석지의 주변으로 눈길을 주면 경관이 아름답고 신성한 분위기도 느낄 수 있다.

제주의 친근한 돌담으로 빙 둘러져 있는 이곳은 긴 세월을 견뎌온 커다란 폭낭(팽나무)이 자리해 신성함을 더하고 있다. 겨울철의 폭낭이 만들어 내는 분위기는 참으로 운치가 있다. 살짝 무서운 듯한 느낌이 들 정도로 신령이 깃들어 있는 모습이다. 이파리 하나 없이 벌거벗은 나목으로 나뭇가지들이 저마다 바람 끝을 향해 쭉 뻗어 있었다.

제단 옆에 있는 배롱나무라 불리는 목백일홍도 볼수록 아름답다. 과거에 선비들이나 유학자들이 서원이나 향교, 절 등에 많이 심었다는 나무다. 만지면 나무가 간지럼을 타듯 흔들린다고 해서 '간지럼나무'라고도 불린다. 최근에 제주시 거리마다 이 나무를 많이 심는데 여름 무렵 눈부시게 화려한 꽃들의 장관을 볼 수 있다. 이곳 배롱나무는 꽃과 잎 하나 없는 겨울인데도 세련되고 멋있는 풍채를 보여주고 있었다. 매끈하고 부드러운 살결의 나뭇가지들이 우아하게 하늘을 향해 뻗어내는 모습 그 자체가 예술작품이다.

매력이 넘치는 화북동

◇ ◆ ◇

나는 12년간 이 근처 화북주공아파트 단지에 살았다. 남의 집을 전전하다 최초로 마련한 아파트였다. 큰아들이 초등학교 3학년 무렵에 여기로 이사와 작은아들이 고등학교를 졸업할 때까지 머물렀던 추억의 동네이기도 하다.

오랫동안 화북마을에 거주하면서도 화북 윤동지영감당이 있는 줄도 몰랐다. 이렇게 가까운 거리에 있음에도 말이다. 이 신당은 일반인들에게는 거의 알려지지 않은 장소인 것 같다. 이 신당을 처음 방문하면서 제주시와 근접한 곳에 있는 이 신당의 매력과 그에 얽힌 신화를 새삼 알게 되어 무척이나 뜻깊었다. 신당 답사를 하면서 느끼는 바는 실로 크다. 각 마을 신당에 좌정하고 있는 신들의 이야기를 통해 척박한 제주에서 가난한 삶을 연명해야 했던 민중들의 애환과 역사적인 흔적과 발자취를 돌아보면서 더욱 단단해진 제주인들의 삶을 다시 한번 느껴볼 수 있어서 더욱 그렇다.

화북주공아파트가 보이는 지점으로 천천히 걸어 나오면서 화북마을에서 가족들과 함께했던 즐거웠던 일들을 떠올려봤다. 주말이면 어김없이 별도봉 기슭 아래 곤흘동이라는 4·3 때 잃어버린 마을까지 걷곤했다.

특히 화북동은 물이 풍부하고 역사와 문화가 살아 숨 쉬는 마을이다. 이곳에는 고려 초기에 귀화한 송나라 출신인 고종달(호종단)의 전설이 어려 있는 '동주원물'이 있었다. 고려시대 왕명을 받고 제주에서 영웅

화북별도연대 환해장성 길을 걸으며 추억하다.

이 날 수 없도록 혈을 자르러 왔던 고종달에 얽힌 이야기로, 서귀포의 지장새미에서 쫓겨온 수신(水神)이 이 샘에 숨어서 위기를 넘겼다고 한다. 동주원물은 예전에 화북동에 있는 오현고등학교에서 동쪽으로 100미터 정도에 있던 물로 미나리밭으로 활용하고 있었다. 일주도로가 확장되면서 그 물통이 묻혀버려 이제는 흔적조차 볼 수 없어 애석한 일이 되고 말았다.

그러나 화북동은 현재에도 주민들이 애용하는 물통인 고래물, 큰질물, 비석물이 남아 있다. 물 상태 역시 양호하여 많은 주민들이 사용하고 있는데, 나도 여름이 되면 친구들과 더위를 식히러 줄곧 찾아가는 곳이기도 하다.

이렇게 물이 좋은 지역에 다양한 문화 체험 코스가 마련되어 제주의 삶과 역사, 문화에 대한 가치를 재발견하는 기회가 있었으면 좋겠다. 이외에도 숨은 명소들이 참으로 많다. 화북비석거리, 환해장성, 별도연대, 해신사, 화북진성, 조선시대 와가 등 볼 만한 문화유적들이 즐비해 있다. 나도 시간을 내서 이곳 마을 올레길을 걸으며 옛 조상의 숨결과 정취에 젖어봐야겠다고 생각을 하며 다음 신당을 향해 길을 떠났다.

저승과 이승 사이에서
부여잡은 목숨줄 I

◇ ◆ ◇

　제주도 해안가 마을의 당에는 어부와 해녀를 보호해 주는 당신이 좌정해 있는데, 돌을 쌓아 제단을 만들거나 울타리를 두른 정도로 규모가 작다. 화북의 윤동지영감당을 둘러본 우리 답사 일행은 따사로운 햇살을 받으며 신촌의 동동네 일뤠당으로 향했다. 신촌의 동동네 일뤠당은 어부가 바다에서 운명적으로 건져 올린 미륵돌을 신으로 모시고 있는 당이다. 깊은 바닷속 이승과 저승 사이에서 목숨줄을 부여잡고 물질을 하는 해녀와 어부들은 무사 안녕과 풍요로운 수확을 기원하면서 이 당에서 간절한 기원을 올렸을 것이다.

　해녀들의 물질은 칠성판을 등에 지고 바다에 든다고 할 만큼 위험한 일이었다. 물에 들었다가 물 밖으로 나와 숨을 쉬어야 하는데 마침 전복이나 문어가 보여 저것만 잡아야지 하며 숨을 한 번 더 참다가 영영

숨이 끊어져 버리는 해녀들이 지금도 끊이지 않는다. 그만큼 어렵고 힘든 일인데도 먹고 살기 위해 여름이건 겨울이건 가리지 않고 물에 들수밖에 없는 것이다.

잠수들을 지켜주는 신이 요왕신이요, 요왕신이 좌정하고 있는 당이 바로 잠수(해녀)당이다. 잠수들은 물에 들기 전에 잠수당에 들러 무사 안녕을 빌고, 일을 마치고 나오면서도 다시 잠수당에 들러 지켜주어 고맙다고 절을 한다. 이러한 잠수당의 역할과 기능을 이곳 신촌과 함덕에서는 미륵신이 맡고 있는 것이다. 그러니 아직까지도 초라하게나마 미륵당들이 지켜지고 있는 것이 아니겠는가. 잠수와 어부들의 목숨줄을 잡아주는 역할을 이 미륵신들이 해주고 있으니까 말이다.

물이 넘쳐 흐르는 신촌마을

◇ ◆ ◇

제주시 도련동에서 출발한 지 얼마 되지 않아 삼양 검문소와 원당봉을 지났다. 신촌리는 제주시 삼양동과 근접한 마을로 일주도로 국도변에 접해 있고 조천리와도 이웃해 있다. 차창 밖으로 조천읍의 시작을 알리는 경계석에 이어 곧게 뻗은 진드르가 시원하게 펼쳐진다. 진드르는 '긴 들판'이란 뜻으로 제주도에서 보기 드물게 넓고 평평한 평야이다.

이 진드르는 일제 강점기에 비행장 후보지로 선정되었던 곳이기도 하다. 다행히 미완인 채로 남겨진 비행장 터였지만 도로의 길이가 조천읍이 시작되는 초입부터 신촌리 입구 교차로까지 무려 1.5킬로미터 정도에 이르고 있다. 곧고 평평한 도로를 만들기 위해 실제로 원당봉의 흙과 돌을 날라서 일일이 다져놓았다는 이야기를 들으니 일제에 의해 강제 동원된 지역주민들의 노역이 어느 정도였는지 짐작하고도 남는다.

몇 년 전만 해도 이곳 진드르는 수박과 배추 등 특용작물 재배지로 유명했는데, 언제부턴가 타운하우스 등 새로운 건물들이 속속 들어서고 있는 형편이다. 여름철이 되면 싱싱하고 달콤한 꿀수박을 사러 일부러 이곳에 찾아오곤 했던 기억이 새롭다. 현재는 이곳 농경지 절반 이상이 비닐하우스에서 화훼를 재배하는 농가로 변모하고 있다.

신촌초등학교를 끼고 골목길을 지나 신촌 포구에 도착하였다. 두 개의 방파제를 이은 아치형 다리가 제일 먼저 눈에 띈다. 그 아래에는 아직 출항하지 않는 낚싯배들이 쉬고 있는데 커다란 고기잡이배가 아니라 낚시꾼들을 태우고 갯바위로 나가는 작은 배들이다.

우리 일행은 포구 위를 천천히 걸으면서 아늑하고 편안한 기분으로 바다에서 불어오는 갯내음을 만끽해 보았다. 저 멀리 수평선을 향해 끝없이 펼쳐지는 파란 바다, 검은 바윗돌과 속삭이듯 출렁이는 파도, 미련이 남은 듯 자꾸만 돌아오는 하얀 물거품을 카메라에 연신 담아보지만 역부족이다. 이렇게 아름다운 자연 그대로의 모습을 어떻게 담아낼 수 있을까.

이 풍광들을 그냥 눈으로만 즐기고 마음 한 켠에 담아두기로 하며 발걸음을 옮기는데 해안가를 청소하는 사람들이 드문드문 보였다. 신촌리 마을주민들인가 생각했는데 조천읍사무소에서 나온 바다환경 지킴이들이었다. 한 달에 몇 번씩 주기적으로 해안가과 포구에서 해양 폐기

신촌 포구, 두 개의 방파제를 이은 아치형 다리가 보인다.
신촌방파제에서 바다에서 불어오는 갯내음을 만끽하다.

물을 수거하며 바다 환경정화 활동을 하고 있다고 한다. 신촌 바다가 유난히 맑고 깨끗하다는 느낌이었는데 눈앞에서 바다 환경정화에 수고하시는 분들을 만나니 반갑고 훈훈한 마음이 일었다.

신촌리는 마을이 주로 해변가에 모여 있다. 처음에는 국도변 위로 사람들이 살기 시작했는데 물이 좋은 곳을 찾아 용천수인 큰물을 중심으로 마을이 새롭게 들어섰다. 큰물은 물의 용출량이 많고 막힘없이 흐르며 세 가지 물줄기로 뻗어 있어서 큰물이라 불리게 되었다.

제주시 홈페이지 신촌리 마을 소개에는 한여름 밤의 꿈처럼 아름다운 이야기가 전해진다. 옛 신촌리 주민에게는 생명수였던 큰물은 물을 긷고 빨래하고 목욕을 함께 하며 이웃 간 소식을 전해주는 생활 정보의 중심지였고 주민들의 화합을 도모하는 장소이기도 했다. 이곳에서 마을 여인과 새끼손가락을 걸며 한 약속을 지키기 위해 어부들은 험난한 파도와 맞서 끝내 이겨 돌아왔다는 미담이 전해지는 것으로 보아 청춘 남녀들의 만남의 장소이자 사랑의 공간이 아니었을까 한다. 게다가 이 물통에서 목욕을 하면 평생 건강을 유지하면서 장수하게 된다는 등 큰물에 얽힌 이야기가 한두 가지가 아니다.

그야말로 이 '큰물'은 신촌 사람들에게 고향의 큰 자랑거리이자 마음 속 깊숙이 자리 잡은 근원과 같은 곳이다. 실제로 마을 길을 따라 걷다 보면 큰물이라는 명칭을 붙인 주택이나 식당, 소품 가게들을 많이 볼 수 있어 이 마을의 중심이 '큰물'이라는 것을 실감할 수 있었다.

물이 넘치는 마을이라는 명성 그대로 가는 곳마다 옛 주민들의 생명수였던 크고 작은 용천수를 만날 수 있었다. 여름철 더위를 잊게 만드는 추억의 노천목욕탕인 감은물(여자용)과 엉창물(남자용)은 돌담을 두

살아 있는 유적, 생명수이자 노천목욕탕인 마을 용천수.

른 채 깨끗하게 잘 보존되어 아직도 마을 사람들이 사용하고 있다.

오늘 신당 답사길인 신촌 동동에도 돌코지물이라는 용천수를 만날 수 있었다. 돌코지물은 바다 쪽으로 돌출된 코지(곶)에 있어 마주하는 순간 그 매력에 흠뻑 빠지고 말았는데, 돌담으로 바깥쪽 통물과 안쪽 통물을 분리하여 사용하도록 만들어져 있다. 자유롭게 개방되어 있는 입구인 바깥쪽은 식수와 채소 등속을 씻는 용도로, 안쪽은 목욕과 빨래터로 사용되었던 것으로 보였다. 최근까지도 제주도 이곳저곳에서 각종 난개발, 환경 파괴로 모든 생명체가 위협을 받고 있는데, 이렇듯 살아 있는 소중한 유적인 용천수를 만날 수 있어서 무척이나 반가웠다.

신촌 동동네 일뤠낭거리 일뤠당

시야가 확 트인 해안가에 옹기종기 모여 있는 시원한 용천수의 풍경을 바라보며, 천천히 '신촌리 동동네 일뤠낭거리'로 발걸음을 옮겼다. 이 '동동'은 마을 이름 중 하나로 동카름, 돌코지, 일뤠낭거리, 사장막, 소곰밭, 도체비언덕 등 각양각색의 이름을 갖고 있다. 일뤠할망을 모신 당이 있어서 일뤠낭거리로, 옛날에 활쏘기 장소라 하여 사장막으로, 예전에 소금을 만들었던 곳이라 소곰밭으로 불리위지고 있다. 아마도 이곳에 살았던 지역 주민들의 삶을 증언하는 명칭이라 여겨진다.

해안 포구를 따라 동쪽으로 조금 걷다 보면 '동동네 노인정' 건물이 보인다. 노인정에서 동쪽으로 난 골목으로 들어서면서, 신당 기행을 함께 한 사진작가가 "신당이 어디 있을 것 같아요?" 하고 내게 물었다. 나는 골목을 두리번거리면서 주변 나무들만 찾았다. 당 이름이 '일뤠낭거리'라 제주어로 '낭'은 '나무'의 뜻이므로 당연히 신당의 '신목'에 신경을 썼기 때문이었다. 사진작가는 손짓으로 근처 가정집 담벼락과 경계한 한쪽 귀퉁이를 가리키는데 거기 신당이 위치하고 있어서 순간 깜짝 놀라지 않을 수 없었다.

2019년에 전교조 중등교사 신촌마을 답사 때 동카름이란 식당에서 점심을 먹은 적이 있었는데 그 맞은편에 이런 신당이 있었다니! 그 당시 마을 답사 때는 여기에 신당이 있다는 사실을 전혀 몰랐다. 좁다란 골목길에 있는 돌담 울타리로 착각하여 무심코 지나쳐 버린 것이다. 해안가 확장 공사로 집을 허물고 길을 내면서 원래 신당 주변의 나무들이 사라진 터라 발견하기가 더욱 어려웠던 모양이다.

신촌리 동동네 일뤠당은 돌담으로 둘러싸인 채 슬레이트 지붕의 주택 사이에 위치하고 있었다. 신당 안에서 신의 신체를 아무리 찾아봐도 화북 운동지영감당의 미륵돌과 같은 형상을 갖춘 돌은 보이지 않았다. 세 개의 현무암을 다듬어서 양쪽에 기둥을 세우고 지붕을 올려 만든 집 앞에 돌 하나가 놓여 있다. 평범하게 보이지만 이 돌이 고동지영감 낚싯줄에 올라온 미륵돌이구나 싶었다.

궁금한 마음에 돌집 틈으로 신과 정령이 들고 나는 관문이라는 궤 안을 조심스럽게 들여다보았다. 궤 속에는 과일 등 몇 가지 음식물이 남아 있어 최근까지 사람들이 이곳에서 치성을 드렸음을 짐작할 수 있었다. 더군다나 돌담 사이와 궤 안팎에 여기저기 하얀 종이로 만든 지전, 실타래, 양초, 소주병들이 있는 것으로 보아, 많은 세월이 지났지만 이 당은 신촌 마을 단골들과 함께 꾸준하게 호흡하고 있구나 하는 느낌이 들었다. 이 당의 본풀이는 바다에서 올라온 돌덩이가 어떻게 마을주민들과 관계를 맺고 미륵신으로서 좌정하게 되었는지 보여준다.

신촌 동동네 일레낭거리 일뤠당 본풀이

신촌 동동네 고동지 영감은 길고 질긴 백발술인 낚싯줄과 천근이나 되는 무거운 뽕돌인 낚싯돌을 배에 싣고, 오늘도 월척을 기대하며 바다로 향하였다. 시간이 흘러 낚싯줄이 무겁게 흔들리는 것을 느끼고 커다란 물고기가 잡히는 운수 좋은 날이라 여기며 환호성을 질렀다. 그런데 낚싯줄에 걸린 것은 다름 아닌 커다란 돌덩이였다. 기대하던 월척 대신 낚싯줄에 올라온 돌덩이를 보고 마음이 몹시 상했다.

고동지 영감은 있는 힘을 다하여 돌덩이를 깊은 바다를 향해 던져 버렸다. '바라던 고기는 안 잡히고 하필 재수 없게 돌덩이라니.' 고동지 영감은 실망스러운 마음을 차분히 가라앉히며 다시 낚싯줄을 드리우자 이번에도 또 돌덩이가 걸려 올라왔다. 돌덩이를 바다로 던져도 올라오는 상황이 계속되었다. 마침내 고동지 영감은 '거 참 이상한 일이여' 고개를 갸우뚱하고는 하는 수 없이 낚시를 포기하고 돌덩이를 배에 싣고 신촌 포구로 돌아왔다.

순간 신기하고 믿기지 않은 일이 벌어졌다. 포구에 도착한 후 육지에 닿자마자 돌덩이가 일어나 뚜벅뚜벅 걸어가더니 일뤠낭거리로 가서 좌정하는게 아닌가! 마을 사람들은 이 돌덩이를 신성한 돌이라고 입을 모았다.

하지만 시간이 흘러도 누구 하나 먹으라 쓰라 신으로 대접하지 않으니, 미륵신은 화가 나기 시작했다. 미륵신은 고기잡이 배는 물론 출항하는 모든 배에 열두 흉험을 내리고 광풍을 불러일으켰다. 그제서야 마을 사람들은 대접받지 못한 미륵돌의 조화임을 깨닫게 되었다. 그 후 바닷일을 업으로 삼는 잠수와 어부들은 이월 초여드렛날 제를 올려 신을 대접하니 풍성한 수확뿐만 아니라 마을이 편안해졌다.

　　　　　　—현용준,『제주도무속자료사전』의 구술자료를 바탕으로 재정리함

어부의 백발술에 올라온 미륵돌은 바닷가 마을에 있는 화북 윤동지 영감당이나 함덕 서물당에 있는 미륵돌과 마찬가지로 마을에 들어와 좌정하고 어업을 관장하는 신이 되는 전개 과정이 얼추 비슷하였다. 이 당의 신체는 미륵돌이지만 '일뤠낭거리 일뤠또, 고동지영감, 짐동지영감' 등 다수의 신을 함께 모신다고 한다.

일뤠또라는 신은 마을 사람들을 위해 산육과 치병을 담당하는 일뤠할망신을 지칭하여 부르는 이름이다. 일반적으로 일뤠당신은 제주도 전역에 분포하고 있으며, 농업과 어업을 관장함과 동시에 치병 능력이 있는 여신들이다.

문무병은『제주도 본향당신앙과 본풀이』에서 일뤠당 신앙은 옛날 의사가 없는 무의촌에서 칠일신을 모셔 아기를 낳아 돌보고 기르며, 아기

당의 신체인 미륵돌, '신과 정령이 들고 나는 관문'이라는 궤 안에 과일이 보인다.

의 피부병을 치료해 달라고 기원하는 개인 축원형 당신앙이라고 그 특징을 말하고 있다. 신촌마을에도 산육과 치병신인 일뤠할망을 모신 신촌 일뤠당이 따로 존재하고 있었다. 하지만 거의 방치된 채로 있었고, 마을 포제를 지내면서 철당을 한 이후 당에 다니는 사람들도 없어서 일뤠할망신을 이곳에 같이 모시게 된 것이 아닌가 하는 생각이 들었다.

이 신당 안쪽의 돌담 틈 사이로 흰색 지전과 명실인 실타래가 군데군데 보였다. 아마도 신당에 드나드는 단골들이 일뤠할망신에게 가족의 무병장수와 복을 빌며 이곳에 걸어놓은 것이라고 여겨진다. 단골들은

신촌 동동네 일레낭거리 일뤠당, 주택 사이에 있다.
바다가 매립되면서 신당은 골목길에 붙어 있게 되어버렸다.

대부분 마을의 여성들로 멧밥과 술, 과일, 생선을 준비하고 해 뜨기 전에 이곳에 와서 제를 지낸다고 한다.

　이 신당에 같이 모시는 고동지영감신이나 짐동지영감신(제주어의 경우 김을 짐이라고 발음한다)은 이 당의 본풀이에서 힌트를 얻을 수 있다. 바다에서 신성한 미륵돌을 마을로 가져온 어부인 고동지영감과 그리고 짐동지영감 또한 가족들의 집안에서 조상신으로 모셔 왔기에 자연스럽게 붙여진 이름이 아닌가 유추해 볼 수 있다. 성씨 뒤에 붙인 '동지'라는 호칭은 하급 관리 벼슬에 해당하고, '영감'은 일반적으로 하르방이라는 뜻이기도 하지만 비범함을 부여하고 공경하는 어른에 대한 존칭으로 붙여진 것이다.

　미륵돌과 관련한 신당 기행을 하면서 알게 된 것은 미륵신을 모신 당들이 주로 제주시 동북쪽의 바닷가 마을에 위치하고 있다는 것이다. 깊은 바다 속에 있던 돌이 한 어부에 의해 건져 올려져 마을에 좌정하여 미륵신이 되었다는 이야기는 가난한 어부나 해녀들의 삶과 염원을 담고 있다. 바닷가 마을 사람들은 현재의 고달픈 삶을 어떻게 극복할까 하는 간절한 기원의 대상이 필요했을 것이다. 그런 의미로 볼 때 마을 당 안에 자리하고 있는 미륵은 깨달음이나 득도와는 거리가 멀지만, 마을 사람들 가까이에 보살처럼 다가와 민중들의 소박한 꿈을 어루만져 주는 존재가 아닐까 생각해 보았다.

신촌리 본향당인 '큰물머리 영등빌레당'

◇ ◆ ◇

　마을 수호신인 본향당은 제주도 전역에 걸쳐 자연촌락마다 하나씩 있는데 신촌리에는 마을의 중심인 큰물머리에 위치해 있다. 본향당의 이름은 '큰물머리 영등빌레당'인데 해신계로 분류된다. 이 본향당은 외부에서 보기에 눈에 띄지 않는 곳에 자리하고 있었다.

　큰물 인근 동네를 걷다가 매우 작고 막다른 길과 마주하게 되었다. 막 들어서려는데 삼십 대 정도의 한 여성이 지나가다가 "그곳은 막다른 곳이라 들어갈 필요가 없어요."라고 친절하게 안내해 주었다. "이곳에 신당이 있어요."라고 친구가 웃으면서 말하자 그 여성은 놀라는 표정을 짓고는 발길을 돌렸다.

　육지에서 이곳에 와 정착한 이주민에게는 마을의 신당이 낯설고 두려운 장소라는 이미지가 겹친 듯이 보였다. 큰물머리에 오기 전에 신촌 일뤠당을 방문한 적이 있었는데 우연히 마주친 이주민도 본인의 집 옆에 있는 신당이 부담스러운 듯 '왜 이런 것이 자기 집 옆에 있어야 하는지 영문을 모르겠다.'며 볼멘소리를 한 적이 있었다. 외지에서 온 사람들에게 역사 이전 시대부터 제주 사람들과 신당의 특별한 관계를 이해시키고, 신당이 마을의 소중한 문화유적임을 설명하기엔 많은 노력과 시간이 필요할 것 같았다.

　한 주택의 돌담을 따라서 한 사람씩 좁은 오솔길을 지나 안쪽으로 들어가니 슬레이트 지붕의 돌집 한 채가 보인다. 당 앞의 텃밭에는 상추와 파가 자라고 있고 돌담 주변으로는 감나무와 귤나무가 눈에 들어온

큰물머리 영등빌레당 정면 모습, 당의 돌담 사이로 울창한 대나무숲이 울타리를 두르고 있다.
신촌리 본향당 안의 모습, 대리석 제단이 한가운데 있고 천장 대들보에는 많은 물색과 지전이
걸려 있다.

다. '큰물'이란 이름의 공동주택과 신당의 돌담 사이로 대나무숲이 울타리를 두르고 있다.

당의 문을 열고 들어가니 대리석 제단이 한가운데 있고 천장 위로는 많은 물색과 지전이 걸려 있다. 내부 벽이 회백색 페인트로 깨끗이 칠해진 것으로 보아, 최근에 당집 내부를 보수해 놓은 것 같았다.

『제주신당조사 2008─제주시편』을 보면 당신의 이름은 '큰물머리 신당한집'이고, 신의 몸은 '궤(신령이 드나드는 곳)'라고 나와 있다. 이 당은 김동지, 고동지, 송동지 영감이 배의 안전한 출입을 기원하기 위해 설립했는데 어부와 해녀들의 해상안전과 우마목축의 번성, 아이의 치병 등을 기원할 때 이용하는 당이다.

당신의 좌정 형태는 독좌형으로 여신이다. 과거에는 제를 지내는 날이 정해져 있었다 하나 현재에 이르러서는 일정치 않다고 한다. 제일이 지켜지지 않는다는 것은 과거에 비해 마을구성원들의 집단적 의례가 상대적으로 약화되었다는 뜻이기도 하다.

사진작가가 당 안의 모습을 카메라에 담는 동안 친구와 나는 당 앞에 앉아 당의 내력과 관련하여 이런저런 이야기를 나누었다. 동동네 일뤠낭거리 일뤠당에 등장하는 고동지영감과 이 당을 설립한 고동지영감이 동일인물 여부에 대해 추정해 보았다. 만약 동일인물이라면 바다에서 미륵을 건져 올린 장본인이면서 마을의 본향당 설립에도 결정적인 역할을 한 것으로 보아 지금의 '마을리장'을 능가하는 존재이지 않을까 생각해 보았다.

큰물머리 영등빌레당 마당에서.

제주 칠머리당 영등굿 예능 보유자 김윤수 심방

◇ ◆ ◇

신촌 동동네에는 제주도에서 가장 유명한 심방이 살고 있다. 국가무형문화재 제71호 제주 칠머리당 영등굿의 기능 보유자인 김윤수 심방이다. 이미 오래전 유네스코 세계무형문화유산으로 등재된 제주칠머리당 영등굿은 제주도에서 벌어지는 여러 당굿 가운데 하나인데 영등굿의 기원 대상은 영등신이다. '영등달'인 음력 2월 1일 제주에 찾아와 어부나 해녀들에게 풍요를 주고 2월 15일 본국으로 떠나는 영등신(영등할망)을 모시는 무속 제례로, 영등환영제와 영등송별제로 나눠 치러진다. 이 굿은 모든 신을 초청하는 '초감제', 본향신을 청하는 '본향들임', 용왕과 영등신을 청해 어부와 해녀의 해상안전과 풍요를 비는 '요왕맞이', 마을 전체의 액을 막는 '도액막음', 모든 신을 돌려보내는 '도진' 순으로 진행된다.

김윤수 심방은 영등굿 보존회 활동 이외에도 제주민예총이 주관한 제주 4·3해원상생굿 행사에서 응어리진 4·3 유족들의 한을 풀어주는 위령굿을 집전해 왔다. 그 행사에 몇 차례 참가한 적이 있는데, 김윤수 심방이 위령굿을 하는 내내 심방은 물론 참가자와 유족들은 손수건을 꺼내 들고 눈시울을 붉히기도 했다.

우연한 기회에 시장골목 식당에서 김윤수 선생을 만나 심방이 될 수밖에 없었던 사연을 들을 수 있었다. 김윤수 선생의 경우 맨 처음 증조할아버지부터 시작해서 대대로 4대째 무업에 종사하고 있다. 어렸을 적에 할아버지와 큰아버지가 심방인 것에 대해 본인은 부끄럽게 생각했

굿을 집전하는 김윤수 심방, 제주칠머리당 영등굿 예능 보유자이며 인간문화재이다.

다고 솔직히 고백한다.

그런데 13세 때 두 분 다 돌아가신 후 이유 없이 몸이 아프기 시작하니, 약을 먹어도 낫지 않고, 어떻게 해볼 방도를 찾지 못했다. 나중에 학교도 다니지 못할 정도로 병세가 악화되었다. 큰어머니가 신병이니 큰아버지 뒤를 이어 심방 일을 해야 병이 낫고 몸이 건강해질 운명이라 했다. 어쩔 수 없이 큰어머니를 따라 제주시 서부두에 요왕제를 드리는 곳에 따라간 게 심방의 길로 들어서게 된 시초가 되었다고 말한다.

그러나 선생의 청소년 시절에는 방황과 고통의 연속이었다. 17세 때는 가출하여 떠돌이 생활을 하며 주먹을 쓰는 불량배들과 어울려 지내기도 했다. 18세 때에 큰어머니와 동행하여 굿을 하러 갔던 동네에서 참을 수 없는 수모를 겪고 심방을 그만두자는 생각으로 무작정 서울로 상경해 버렸다.

하지만 1년이 채 되기 전에 몸이 다시 아프기 시작해서 다시 제주에 내려왔다. 다시 심방을 따라 굿판에 다니고 연물(악기)을 치기 시작하니 아픈 몸이 씻은 듯이 낫는 것이 아닌가. 그러다가 23세에 군에 입대해 3년간 복무를 마치고 신촌마을에 사는 수양어머니인 고군찬 심방을 만나면서 심방으로서 제2의 인생을 시작할 수 있었다.

김윤수 선생의 어린 시절 좌절과 방황을 일삼았지만 제 운명을 거역할 수 없는 탓에 결국 심방의 길로 들어서게 된 이야기를 들으면서, 인간에게는 도저히 어떻게 설명할 수 없는 업(業)과 벗어날 수 없는 굴레 같은 것이 존재하는 것이 아닌가 하는 생각이 들었다.

김윤수 선생은 그 뒤로 이름을 떨쳐 '큰심방'으로 널리 알려졌고 1995년 제주 칠머리당 영등굿의 예능 보유자로 지정되어 영등굿 보존회 회장직을 맡고 있다. 제주 칠머리당 영등굿은 현재 유네스코 세계무형문화유산으로 등재되었다.

신촌의 골목길, 옛 정취에 흠뻑 젖다

신촌리는 정말 매력이 넘치는 마을이다. 해안가나 시원한 용천수뿐만 아니라 골목길 풍경 또한 일품이다. 한없이 이어지는 마을의 골목길은 미로처럼 되어 있어 헷갈리기 쉽다. 간신히 차 한 대가 지날 정도의 좁은 길도 많다. 최근에 게스트 하우스와 신축 건물이 들어서면서 새로운 인구 유입으로 거주 형태도 많이 바뀌었다. 하지만 골목길에서 이따금 옛날 초가도 만날 수 있어 반가웠다.

특히 굽이굽이 곡선 모양인 까만색의 현무암 돌담 골목길이 인상적이었다. 호젓한 마을의 옛 정취와 함께 몸과 마음이 힐링된 듯했다. 다소 불편하지만 자연 그대로의 삶을 따르려는 느낌을 받았다. 이런 모습을 간직하고자 하는 강직하고 뚝심 있는 신촌 사람들의 삶에 찬사와 박수를 보내고 싶은 심정이다.

나중에 알게 된 일이지만 신촌리는 몇 해 전부터 마을주민들이 중심이 되어 골목축제를 하고 있었다. '골목'이라는 키워드로 유년시절의 향수와 애향심을 기반으로 문화축제를 열어 주민들 사이에 정서적 공감대를 형성하고 소통을 활성화하기 위해 끊임없이 노력하고 있었다.

해안가 담장에 걸려 있는 현수막이 눈에 띄었는데, '마을을 잇다. 마

돌담으로 이어지는 골목길에서 이따금 허름한 초가를 만나서 옛 향수에 취하다.
신촌마을 서쪽의 끝자락에 있는 해안 풍경, 닭머르에서 바라본 마을 너머로 한라산이 자리하고 있다.

음을 잇다.'는 취지로 신청한 마을교육공동체 공모사업에 선정되었다는 내용이었다. 궁금한 차에 적혀진 연락처로 문의해 봤는데 신촌에는 '모드락(樂)'이라는 마을문화기획단이 있어 마을이 간직한 고유의 정감과 공동체성을 회복하기 위해 축제 등 다양한 사업과 주민들을 위한 프로그램을 운영한다고 했다. 사람 냄새나는 생활 공동체를 복원하고, 더불어 살고자 뜻을 모아가는 마을주민들의 모습이 아름답게 보였다.

골목길에 나와서 신촌마을 서쪽의 끝자락에서 만난 해안 풍경은 다시금 감탄을 연발하게 만든다. 닭이 흙을 파헤치고 있는 형상을 하고 있다 해서 붙여진 '닭모루'를 정점으로 풍경이 아름답게 펼쳐진다. 이곳은 낚시터로도 널리 알려져 있으며 여러 가지 기암괴석이 많아서 예로부터 학자들이 모여 풍류를 즐기던 곳이다.

저승과 이승 사이에서
부여잡은 목숨줄 Ⅱ

◇ ◆ ◇

　함덕에도 신촌 일뤠낭거리 일뤠당의 미륵신처럼 잠수와 어부들을 지켜주는 신이 좌정해 있다. 함덕리 북쪽 바닷가 동네에 있는 '함덕본향 알카름서물당'이다. 그래서 신촌마을의 신당 답사를 끝낸 후 우리는 다음 행선지를 함덕 마을로 정했다.

　함덕리는 한라산 북쪽 해안에 위치하며 제주시에서 동쪽으로 약 14킬로미터 떨어진 마을이다. 조천읍에서 인구가 가장 많은 자연마을로 비교적 부유한 생활 수준을 누리고 있다. 마을이 해안을 끼고 있으나 주민들 대부분은 농업에 종사한다. 감귤이 가장 중요한 소득원이며, 마늘, 배추, 수박도 많이 재배한다. 함덕해수욕장이 유명 관광지로 국내외에 널리 알려지고 관광객들이 많이 찾는 명소가 되면서 호텔과 콘도미니엄 등 숙박 시설과 아파트 단지가 건설됨에 따라 서비스업에 종사

　1부　제주의 돌에서 신성을 느끼다

하는 인구도 증가하고 있다.

함덕 마을에 들어오면 넉넉하고 편안한 형상의 서우봉(犀牛峰)을 볼수 있다. 마을을 따뜻이 감싼 듯 병풍을 두른 모습인데, 마치 물소가 뭍으로 기어 올라오는 듯한 모습을 하고 있어서 예로부터 덕산(德山)으로 알려져 있다. 이러한 명당의 지형적 조건이 함덕 마을 형성의 기초가 되었으며, 지리학적 의미에서 '덕 있는 사람들이 모여 사는 마을'이라는 뜻으로 '함덕'이란 이름이 생긴 것이라고 한다.

이곳을 방문할 때마다 느끼는 것이지만 함덕(咸德)은 이름 그대로 넉넉하고 여유로운 모습이다. 천혜의 자연과 함께 아름답고 풍요로운 경치는 차를 타고 가던 길을 멈추게 만든다. 차창 밖으로 펼쳐진 풍경에 일행은 탄성을 지르며 옥빛 바다에서 불어오는 상큼한 바닷바람을 마음껏 들이마셨다.

서우봉을 배경으로 한가운데에 물결무늬를 그대로 간직한 백사장이 눈부셨다. 조개껍질이 잘게 부서지면서 모래처럼 쌓여 백사장과 바다가 만나는 경계의 물빛은 언제 보아도 수려하다. 함덕 서우봉 해변은 한 폭의 투명한 수채화였다. 옥빛의 맑은 바닷물, 그리고 검은 현무암 위에 가로 놓인 아담한 풍채의 구름다리, 빨간 등대 등이 한데 어우러져 멋진 풍광을 연출하고 있었다. 이곳 함덕해수욕장은 '죽기 전에 꼭 가봐야 할 국내 여행지'에 손꼽히는 명소로, 사실 세계 어디에 내놓아도 손색없는 아름다운 곳이다.

함덕리 본향 알카름 서물당(서물할망당)

◇ ◆ ◇

함덕리 본향 알카름 서물당은 함덕리 북쪽 바닷가 동네인 알카름(아랫동네)에 위치해 있다. 신당을 찾기 위해 골목길을 두리번거리고 있을 때 앞서 걷고 있던 친구가 신축건물 공동주택 앞에서 나에게 손짓하며 신당을 가리켰다. 공동주택인 콘크리트 벽에 나란히 자리잡고 있는 곳이 신당이라니!

나는 당황하는 기색을 감출 수가 없었다. '서물당(三水神堂)'이란 안내 간판이 없었으면 외관상으로는 당이라는 느낌이 전혀 없을 정도였다. 대부분 제주 신당이 돌담으로 울타리를 두르고 있는데 이 당은 최신식 콘크리트 벽으로 개조해 놓고 있었다.

마을길을 넓히고 아파트를 지으면서 돌담이 허물어져 버린 것이라 했다. 이 '서물당'은 원래 있던 자리에 그대로 두고 울타리를 지금처럼 만들어 놓은 모양이다. 세월이 흐르면 신당이 사라지기도 하고 개발과 함께 파괴되기도 한다. 그나마 이 당은 함덕리 문화 지킴이들에 의해 마을에 남겨진 것이다. 도시개발과 문명에 밀려 당의 모습은 변모했지만, 이렇게라도 마을의 문화유산인 신당을 지키려는 노력이 있어 그나마 다행스러운 일이라고 여겨졌다.

당 안을 살펴보니 자연석을 다듬어 제단을 만들고 조그맣게 궤를 마련하였다. 미륵돌이 당의 신체라 해서 아무리 찾아봐도 제단 아래 묻어 놓았는지 보이지 않았다. 제단 주변에 소주병, 막걸리병들이 보이고, 사과와 배 등 과일이 들어 있는 꾸러미가 있는 것으로 보아 최근에 사

공동주택인 콘크리트 벽에 나란하게 붙어 있는 함덕리 본향 알카름 서물당.
자연석으로 만든 제단과 신령이 드나드는 궤의 모습, 궤 안에 사과와 감이 올려져 있다.

람들이 다녀간 모양이다.

이 당의 미륵돌은 용왕국의 무남독녀로 김첨지 할아버지의 긴 낚싯줄에 걸려 올라온 '미륵먹돌'인데, 해녀와 바다를 오가는 배를 돌봐주고 어부들이 낚시질을 잘하게 해주는 어업 수호신이라고 안내가 되어 있다.

신당 안에 '한태홍표석'이라고 새겨진 비석이 눈에 띈다. 『2008 제주 신당조사』를 찾아보니 예전 신당의 돌담 틈에 있었던 것과 동일한 비석이다. '한태홍'은 실제 1881년생 어부 출신으로 이 '서물당'을 만들어 미륵불을 봉안한 사람이라고 한다. 어부와 해녀의 안전을 기원하며 마을을 위해 나선 분이기에 그 공적과 이름을 새겨 후세에 전하고 있음을 알 수 있었다.

함덕리 본향 알카름 서물당 본풀이

동편 왕석 서편 황석은 서울 먹자골 논노물서 솟아난 급서황하늘이 좌정하고 있다. 알카름 서물한집은 동해용궁 황제국의 공주님이다. 김첨지하르방이 서물날(음력 열하루와 스무엿샛날의 조수) 백발술 긴 낚싯줄에 천근이나 되는 뽕돌(낚싯돌)을 가지고 배에 타서 고기 낚으러 갔는데, 낚싯줄에 미륵돌이 올라왔다. 온종일 낚아도 미륵돌만 올라오니 화가 나서 모두 물에 던져버리고 돌아왔다.

1부 제주의 돌에서 신성을 느끼다

두물날(음력 열흘과 스무닷샛날의 조수)에도 고기 잡으러 바다로 가니 낚싯줄에 걸려 오는 것은 같은 미륵돌이었다. 자꾸 미륵돌만 올라오니 더 이상 고기 잡을 마음이 나지 않아 잠깐 눈을 감았는데 깜박 잠이 들었다. 그러자 꿈에 요왕 공주님이 나타나 말했다.

"나는 동해용궁 무남독녀 딸아기이다. 인간 자손을 도와주려고 인간 세상에 나왔느니라. 그러니 나를 알카름 폭낭 아래 모셔서 훈물(음력 아흐레와 스무나흘날의 조수), 두물, 서물 날 나를 위하라. 그러면 일만 잠수를 살펴주고 가는 배 오는 배 낚시배 잘 되게 해주마."

꿈에서 깬 김첨지하르방은 그제야 미륵신을 모시기 시작하였다. 이 당은 일만잠수 일만어부를 살펴준다.

──현용준, 『제주도무속자료사전』의 내용을 바탕으로 정리

당본풀이에 나온 제주어로 된 문장을 처음 접할 땐 이해 불가능의 표현들이 많이 등장한다. 그런데 수차례 반복해서 읽다 보면, 아 그렇구나! 하며 대강의 뜻을 이해하곤 한다. 입을 통해 구전되는 이야기라 그런지 입안에서 열심히 중얼거려 보면 정겨운 느낌이 들면서 확 다가오기도 한다.

김첨지 하르방은 백발술인 낚싯줄로 무거운 미륵돌을 끌어올렸다고 하니, 백발술은 절대 끊어지지 않고 단단한 줄이란 것을 알 수 있다. 더욱이 천근이나 되는 뽕돌을 배에 싣고 고기잡이를 다닌다고 했으니 김첨지 영감은 경력이 대단한 베테랑 어부였지 않나 싶다.

이곳을 '서물 할망당'이라 불러 그 의미가 궁금했는데 서물은 음력 조수를 일컫는 물때의 단위였다. 제주사람들은 일정한 시간을 두고 주

기적인 바닷물의 상태에 따른 날짜를 흔히 흔물, 두물, 서물이라 부르는데 이 당은 서물에 맞춰 당제를 지내왔다. 더욱 흥미로운 것은 김첨지 영감의 낚싯줄에 걸려 연달아 올라온 미륵먹돌이 나중에 알고 보니 동해용궁의 딸로 인간 자손들을 도와주려고 이 세상에 나왔다는 것이다.

다른 당본풀이에도 동해용궁의 딸이 종종 등장하는데, 서물당에도 어김없이 언급되고 있다. 아마도 바닷가 마을이 형성되고 신을 모실 때 바다를 다스리는 신인 동해 용왕의 딸을 잘 모셔 극진히 대접하면 도움을 받을 수 있다는 강한 소망이 담긴 것이 아닌가 여겨졌다. 김첨지 영감은 꿈에 현몽한 사실을 알려 다른 어부들과 상의를 했다. 그가 모셔온 미륵은 가난한 어부들에게 부귀영화를 안겨줄 신성한 돌로 깊은 인연을 맺었다. 미륵돌을 신으로 모시며 서물당이 만들어졌고 마을 사람들도 그 뒤를 이어 당을 믿게 되었다.

지금은 이곳 서물당에서 당굿은 하지 않으며, 일이 있는 마을 사람들이 조용히 찾아와 빌고 가는 당이었다. 집 제사 때 제사 음식을 조금씩 가져와 올리기도 하는데 돼지고기는 올리지 않는다.

함덕에도 당마다 다양한 신을 모시고 있었는데 신들의 이름도 다양하다. 급서황하늘, 알카름 서물한집, 죽도남빌레일뤠한집, 당뒷동산 일뤠한집, 알질우의 요드레한집, 함덕역개(신흥) 열세거리 삼천병마 등이다. 이외에도 외지에서 함덕으로 이주해 오면서 모시고 온 신들도 더러 있다고 한다.

함덕의 김영철 심방에 의하면 모든 직장에 업무를 분담하기 위한 전문 분과가 있듯이 당에 좌정한 신들도 마찬가지라 한다. 이 중에서 사람의 목숨을 관장하는 본향신은 급서황하늘인데, 세월이 변하고 생업의 양상이 달라지면서 찾아가는 단골이 줄어들어 그 세력은 점점 약화되었다고 한다. 아이의 치병과 산육을 관장하는 죽도남빌레일뤠한집은 서우봉에 흔적만 남아 있고, 당뒷동산 일뤠한집과 알질우의 요드레한집은 없어졌다. 그리고 함덕역개(신흥) 열세거리 삼천병마는 신흥리 성터 주변 본향당신을 수호하는 군졸신으로 문지기 역할을 담당했었다고 전해지는데, 이제는 그러한 권세와 능력도 희미해졌다.

하지만 서물 할망당은 아직도 찾고 있는 사람들이 많다. 함덕이 어촌 마을이고 여전히 물질을 하는 해녀와 배를 부리는 어부들이 존재하기 때문이다. 무사 안녕을 지켜주는 미륵돌인 용궁아기씨는 해녀와 어부들에게 저승과 이승 사이에서 부여잡은 목숨줄이 아닌가.

이렇듯 함덕리는 마을이 큰 만큼 신당도 많았다고 한다. 이곳에 당이 많은 사연에 대해 신화연구가 강소전(제주대)의 강의를 들은 적이 있다. 함덕리는 제주 4·3 때 중산간 마을이 초토화되면서 선흘, 대흘, 교래, 송당 등 인근 산간 주민들의 주요 피난처가 되었다. 피난 온 사람들이 이곳에 거처를 마련하고 정착함에 따라, 자신들이 살던 지역에서 모셨던 신들을 이곳에 옮겨와 좌정시킨 경우가 많았다고 한다. 서모가지당(선흘), 서모가지당(교래), 서모가지당(송당) 등 글자 그대로 본향에서부터 '가지 가른 당'들이다. 불가피한 사정으로 고향은 잠시 떠나 왔지만, 한 치 앞을 내다볼 수 없는 힘겨운 생활은 견디기 위해 혹은 원통하게 죽어간 가족과 친지들의 영혼을 달래주기 위해 자신들만의 당신(堂神)이 절절하게 필요했을 것이었다.

함덕리 역시 여느 지역 못지않게 제주 4·3의 아픈 기억을 간직하고 있다. 함덕리는 제주 4·3 당시 1개 대대가 함덕국민학교에 주둔하면서 북제주군 동부지역 토벌의 근거지가 되었다. 이런 이유로 함덕리 주민들은 군부대에서 즉결처형되는 희생자를 많이 볼 수밖에 없었다. 마을 곳곳에서 희생자들의 처참한 모습을 일상적으로 접하는 주민들은 악몽의 나날을 겪어야 했을 것이다. 더욱 경악을 금치 못하는 것은 함덕해수욕장을 비롯한 주변의 모래밭과 서우봉이 토벌대의 소개 명령으로 중산간에서 내려온 피난민들과 도피자 가족들의 학살터였다는 사실이다.

　제주도의 아름다운 풍경 뒤에 통한의 역사가 깃들여 있는 곳은 함덕해수욕장뿐만이 아니다. 관광객들이 드나드는 제주공항이나 제주항부터 정방폭포, 표선해수욕장, 성산일출봉과 같은 유명 관광지 역시 제주 4·3의 아픈 기억을 간직한 곳이다.

인간 '삼승할망'을 모시는 넋산,
한양할망당과 존나니ᄆ르 일뤠당

　특이하게도 함덕에는 신체(신의 몸)가 무덤인 당이 있다. '한양할망당'과 '존나니ᄆ르 일뤠당'이 그것인데 무덤이 신체인 당은 오직 이곳밖에 없다고 한다.

　한양할망당과 존나니ᄆ르 일뤠당 모두 아기의 넋을 드리는 무덤으로

'넋산'이라 하여 마치 당과 같은 역할을 하고 있다. 제주 신화에서 아기를 점지하거나 출산과 양육을 담당하고 있는 제주의 신은 삼승할망인데, 여기에는 한때 '인간 삼승할망'로 여겨졌던 사람이 묻혀 있다. 살아생전에 삼승할망으로 남다른 능력을 보였는데 죽은 이후 무덤 속에서도, 여전히 신통한 영험을 가지고 있다는 믿음으로 사람들이 찾아온다.

내가 어렸을 적에도 심하게 놀라는 일이 있으면, 어머니 손에 이끌려 소문난 인간 '넋할망'을 찾아가 넋을 들인 적이 있었다. 내 정수리 위에 삼승할망이 손을 올려놓거나 등을 쓸어주면서 "우리 설운 애기, 오마, 넋 들여줍서, 코오오!" 주문을 외거나 따뜻한 입김을 불어 넣어주면 놀랍게도 씻은 듯이 낫곤 했다.

여기에 묻힌 인간 삼승할망은 오래전에 유명을 달리했지만 죽어서도 영험하다는 믿음으로 이 무덤에 와서 기원하는 것이 아닐까 싶다.

인간 삼승할망, 한양할망당

◇ ◆ ◇

한양할망당은 조천읍 함덕리 제주장례식장 남쪽 근처의 밭에 있다. 개인주택 담장을 사이에 두고 바로 옆에 위치해 있는데, '한양할머님' 무덤을 감싸 산담으로 에둘러 있었다. 산담의 양쪽에는 목백일홍이 나란히 심어져 여름철 백일 동안 진홍 빛깔로 가득할 풍경을 생각하니 마

삼승할망의 풍채처럼 넉넉해 보이는 한양할망 무덤가에는 목백일홍과 굴거리나무가 보인다.
'한양할머님'이라고 새긴 제단과 구멍을 돌로 막아놓은 궤의 모습.

음이 흐뭇했다. 지금은 굴거리나무가 진초록 빛깔을 피워내며 이 당의 운치를 더해 주고 있었다.

무덤 앞에는 '한양할머님'이라고 새긴 넓고 큼직한 대리석 제단이 놓여 있다. 제단 앞에는 작은 궤가 있는데 세 개의 구멍을 돌로 막아놓은 상태였고 한쪽 면에는 '손(孫) 한순섭 세움'이라는 작은 글씨가 새겨져 있다. 답사 사진을 찍던 작가 말대로 할망 무덤의 풍채가 넉넉해 보였다. 무덤은 단정하게 정돈되었고 주변을 깨끗하게 손질해 놓은 품새가 자손들의 지극한 정성을 엿볼 수 있었다. 살아생전 한양할망의 따뜻하고 넉넉한 모습을 보는 것 같았다.

한양할망은 아기를 넋들여 주기도 했지만, 동시에 마을에서 산파의 역할을 했다고 한다. 산부인과가 없던 시절에는 아이를 낳는 일이 생사를 오가는 무척 힘든 일이었을 것이다. 그럼에도 산통을 겪고 있는 산모의 배에 한양 할망의 손길이 닿으면 여지없이 효험이 나타났다는 이야기를 실제로 들은 적이 있다.

존나니ᄆᆞ르 일뤠당

◇ ◆ ◇

존나니ᄆᆞ르 일뤠당은 한양할망당에서 남쪽으로 500미터쯤 떨어져 있다. 당으로 가는 길에 낮은 돌담 너머 누렇게 익어가는 보리밭을 만났다. 보리밭 풍경에 정신없이 눈길을 주고 있을 때 어디선가 몰려오는 진한 꽃내음이 내 코를 찔렀다. 존나니무르 동산에 피어나는 귤꽃 향기였다. 돌담으로 이어지는 당 올레길 주변은 온통 귤나무로 가득했다. 귤나무에 알알이 박혀 있는 하얗고 어린 꽃향기를 따라 이끌리는 듯 올레길을 걸어갔다.

당 입구에 함덕리 문화재 지킴이가 세운 표지판이 보인다. 이곳이 당의 입구임을 알려주는 듯 거대한 목백일홍의 굵은 가지들이 서로 엉킨 채 뻗고 있어 신령스러운 분위기를 물씬 풍기고 있다.

주변의 울창한 나무 때문에 몸을 낮추어 당 안으로 조심스레 들어가는데 세월의 흔적이 묻어 있는 돌담이 당 안을 에워싸고 있었다. 이 당에는 '고씨할망'을 모시는 무덤과 비석이 있다. 함덕리 삼승할망이었던 고씨할머니 무덤 앞에 제단을 따로 마련하여 신당으로 삼고 있었다. 그 무덤 뒤에 자리 잡은 두 개의 아기 무덤은 보는 이로 하여금 가슴을 시리게 했는데 어떤 연유를 간직하고 이곳에 있는지 무척 궁금했다. 오른쪽 구석에도 돌무더기로 된 아기 무덤 하나가 더 있었다.

존나니무르 일뤠당에 모신 고씨할망은 살아생전 손덕이 있어 어루만지기만 해도 효험이 나타나 어딘가 남달랐던 분이라고 명성이 자자했다. 그래서일까, 고씨할망과 함께 누워 있는 아기 무덤들을 보며 잠깐 생각에 잠겨 본다. 이승에 와서 꽃 한 번 피우지 못하고 가없는 저승길을 홀로 떠난 아기가 무척 안타까웠을 것이다. 그래서 할머니의 넉넉한 품으로 어린 넋들을 품어달라고 손덕 좋은 할머니 곁으로 보낸 게 아닐까?

무덤 옆에는 작은 당집이 있었는데 그 안에는 최근까지 사람들이 당을 찾은 흔적으로 소주병, 타다 남은 양초 등이 남아 있었다. 당신인 고

신령스러운 분위기가 돋보이는 목백일홍.

존나니므르 고씨할머니 무덤, 뒤편으로 구슬픈 애기무덤들이 있다.

어린 넋을 넉넉한 품으로 돌봐주고 있는 고씨할망을 모신 존나니무르 일뤠당. 뒤편으로 작은 당집이 보인다.

씨할머니가 어떤 병이든 낫게 해주는 능력이 전해졌고, 죽은 후에도 그 능력에 의지하고자 많은 사람들이 이곳을 찾는다고 하였다. 현재에도 지역주민은 물론 해외에서도 가끔 찾아온다고 하니 할머니의 신통한 능력이 매우 뛰어났음을 알 수 있었다.

존나니무르 일뤠당 주변은 귤농사를 짓는 밭들이 대부분인데 과수밭 사이에 꽤 많은 무덤들이 눈에 띄었다. 주변을 둘러보니 볕도 잘 들고 사방이 아늑하게 느껴진다. 혹시 이곳이 지관이 찾아낸 풍수의 명당이 아닐까 하는 생각을 잠시 해보았다.

두 넋산은 당과 같은 역할을 하기에 아기의 산육을 기원하는 일뤠당

1부 제주의 돌에서 신성을 느끼다

과 유사한 경우라 할 수 있다. 제일이 따로 없기 때문에 사람들은 좋은 날을 택해 다니기도 하지만 경우에 따라 3일, 7일, 13일, 17일을 택하여 다닌다고 한다.

처음에는 단순한 무덤이었지만 시간이 점점 흐르면서 마을 사람들에 의해 넋산으로, 아기의 출산과 양육을 기원하는 당으로 그 역할이 변모해 가는 것이 문명화된 사회에서도 여전히 가능한 일임을 깨닫는 순간이었다.

현재에도 우리 주변에는 마음의 병을 치유해 주는 인간 삼승할망이 존재하고 있다. 사실 나도 몇 년 전에 남편과 함께 서귀포에 있는 인간 삼승할망을 찾아가 비념을 한 적이 있었다. 사람들은 그녀를 '삼성여고 할망'이라 부른다. 집안에 답답한 일이나 자식에 관한 고민이 생기면 해결의 방도를 알려준다는 꽤 소문이 난 곳이다. 나중에 알고 봤더니 내 주변의 친구들도 이미 한 번씩은 다녀간 경험이 있었다.

이 문명화된 현대사회에 미개한 행위처럼 보일지 모르지만 영험한 존재를 찾아다니는 행위는 인간의 불안이 그치지 않는 한 전혀 터무니없는 일은 아닐 것이다. 자신이 믿는 종교와 상관없이 일상에서 막힌 구석을 풀 수 있는 탈출구를 찾거나 지푸라기라도 잡고자 하는 욕망은 동서고금을 막론하고 너무도 인간다운 일이 아닌가.

함덕 김영철 심방과 '열두당번'

함덕의 당 답사를 마친 후 몇 가지 궁금한 게 있어 함덕에 살고 있는 김영철 심방에게 전화를 했다. 요즘은 몇몇 본향당굿을 주관하면서 신년과세제로 바쁜 와중임에도 흔쾌히 만나주어 감사한 마음이 들었다.

김영철 심방과의 인연은 지금으로부터 4년 전, 2016년으로 거슬러 올라간다. 그해 나는 칠머리당굿보존회에서 주관하는 연물북 강좌를 수강한 적이 있었는데 김영철 심방이 강의를 진행하였다. 매주 토요일마다 한 달 동안 진행하였는데 작은 쌀자루 포대가 담겨 있는 구덕(바구니) 한가운데에 북을 올려놓고 두 개의 북채를 이용했다. 먼저 입으로 소리를 내보는 입장단 연습을 했는데 연신 웃음을 참아내면서 '열두당번, 열두당번'을 수없이 반복했다. 외국인 수강생들도 똑같이 따라 하는데 마치 또각또각 걷고 있는 말발굽 소리 같았다. 처음엔 천천히 걷다가 점점 빨라지는 말 발걸음처럼 나중엔 힘들어 헉헉대면서도 일제히 그 매력 속으로 푹 빠져들었다.

강좌를 하는 동안 김영철 심방은 어린 시절 자신의 이야기를 들려주기도 했다. 중학교 시절부터 신병을 앓으며 넋이 나간 채 방황했었는데, 할아버지께서 '연물이라도 두드리면서 마음을 잡아보라' 어르고 달래서 연물을 치기 시작했다. 할아버지는 연물을 치면서 힘들어하는 손자에게 재미있는 방법을 알려줬는데 그게 바로 '열두당번'이나 '니짱나짱'이었다. 그렇게 시작한 연물 소리에 점점 흥이 나면서 에너지를 얻었다. 참고로 '열두당번'은 '사람의 두 발'을 의미하는 것이라 하는데 결

굿을 집전하고 있는 김영철 심방.

국 '열두당번'이 자신의 넋을 되살리고 두 발로 걷게 했다며 어린 시절의 감회를 밝혔다.

처음엔 어려움을 느꼈으나 점점 '열두당번'이 입에 쩍쩍 달라붙기 시작했다. 참가자들은 한 달 동안 신명나게 연물 연습을 하였고, 영등굿 전수관 무대에서 열린 발표회 때에는 청중들로부터 뜨거운 환호와 박수를 받았다. 그리고 연수팀은 헤어지기 너무 아쉬워서 연물연구동아리인 '열두당번'을 자발적으로 구성하기도 했었다.

김영철 심방은 무엇보다도 마을 단골과의 소통을 가장 중요하게 여겼다. 심방이란 존재는 단골이 있어야 가능한 일이 아니겠냐고 의견을 내놓는다. 심방은 단골 집안의 밥숟가락이 몇 개가 있는지 속속히 알고 있을 정도로 친밀하고 끈끈한 관계로 이어져야 한다 했다. 단골들이 굿을 할 때 고민과 아픔을 털어놓으면, 심방은 '산을 받는다'는데 의뢰한 단골들의 조상에 대한 이야기를 듣고 판단하는 과정이다. 굿 진행 과정에서 넋을 들여 주고 허심탄회하게 의견을 교환하며 단골들의 가슴에 맺힌 아픔을 풀어낼 수 있게 성심껏 도와준다고 한다.

제주 심방들은 육지심방(무당)과는 달리 엄격하게 숙달된 훈련과정을 통하여 탄생한다. 대부분의 제주 심방들은 조상 대대로 이어 내려오는 세습무지만 엄격한 훈련과정을 통해 큰심방으로부터 자질과 능력을 평가받은 후, 큰굿을 하고 비로소 심방으로 탄생한다고 한다.

　　　　　　　1부 제주의 돌에서 신성을 느끼다

한라산 자락으로 올라온 미륵신

◇ ◆ ◇

'제주도' 하면 가장 먼저 '한라산'이 떠오른다. 아니, 한라산이 곧 제주도라 할 수 있다. 제주도라는 섬 속에 한라산이 있는 게 아니라, 한라산 자락이 곧 제주라는 섬이다. 제주의 섬사람이라면 너나없이 한라의 산자락에서 태어나 척박한 땅을 일구거나 바당밭을 오가면서 삶을 영위하다 때가 되면 한라의 산자락에 놓인 오름에 몸을 의탁한다.

제주에서는 한두 군데를 빼고 대부분 마을에서 한라산을 볼 수 있다. 아침에 일어나 창을 열면 제일 먼저 마주하는 것이 한라산이다. 그래서 한라산이 마당 안에 들어온 것처럼 가깝고 선명하게 보이면 오늘은 밭일하기 안성맞춤이구나 하고, 안개가 자욱하여 산의 모습이 제대로 보이지 않으면 오늘은 물질할 수 없겠구나 가늠하면서 제주 사람들은 하루하루를 살아왔다.

한라산이 제일 아름답게 보이는 마을에서 미인이 난다는 속설도 있다. 제주 사람들은 대부분 태어나면서부터 자기가 자란 마을에서 바라본 한라산의 풍광을 제일 아름답다고 생각한다. 눈에 익으면 당연히 친숙하게 되고 친숙하다는 것은 낯설지 않다는 말이기 때문에 자기네 마을에서 바라본 한라산이 제일 아름답다는 말은 결코 잘못된 게 아니다. 어쨌거나 제주 사람들에게 한라산은 삶의 본향이고 마음의 안식처임에 틀림이 없는 그런 곳이다.

이번 신당 답사의 목적지는 한라산 자락에 있는 '광령리 마씨미륵당'이다. 이 미륵당에는 살아생전에 한라산 산신령이라 불리던 마씨 하르방의 이야기가 전설처럼 전해진다. 사람이 죽은 후에 이름과 족적을 남기고 미륵조상으로 신당에 모셔진 경우인지라, 나는 방문하기 전날부터 무척 설레었다. 죽어서도 여전히 신통한 영험을 가지고 있다는 믿음으로 주민들이 당을 이용한다는 것이 무척 놀랍고 신기한 일이었기 때문이었다.

우리는 제주시에서 1100도로를 타고 가다가 어승생 한밝저수지에서 다시 서쪽 방면으로 이어지는 제1산록도로를 달렸다. 이 도로는 학교 출퇴근 때 주로 이용했던 길이라 꽤 익숙한 편이다. 출퇴근 시 번잡한 평화로를 피해 여유로운 느낌을 주는 산록도로를 줄곧 이용하곤 했다. 3년 내내 합승하여 동행하는 동료 교사들과 함께 탁 트인 도로를 달리면서 한라산 자락의 사계절 풍경을 맘껏 감상하는 호사를 누리기도 하였다.

'한라산 산록(산기슭)을 가로지른다' 해서 붙여진 이름인 산록도로는 관음사 목장지대, 아흔아홉골, 한밝저수지 등을 경유하게 되어 있어 더욱 매력적인데, 운전 중에 가끔 참혹하게 로드킬을 당한 동물들이 눈에

제주 사람들의 삶의 본향이자 마음의 안식처인 한라산.

띄어 안쓰러울 때가 한두 번이 아니었다. 도로가 나기 전에는 당연히 동물들의 길이었을 것이다. 대부분의 로드킬이 어두운 밤길에 벌어졌을 텐데, 잘 닦여진 도로 덕분에 우리 인간의 생활은 편리해졌을지 모르나, 한라산의 야생 동물들에게는 치명적일 수 있다는 생각에 머리가 복잡해지곤 했다.

그뿐만이 아니다. 날씨가 궂어 우중충한 출근길엔 목장을 탈출한 소와 말들이 도로 위를 점거하는 경우가 종종 발생하곤 한다. 달리던 차들도 도로를 점거한 소나 말들도 어쩔 줄 몰라 당황스럽기는 매한가지다. 영민하고 날쌘 말들은 움직임이 재빠르지만, 소들은 우보천리 발걸음으로 아주 느리게 움직여서 출근길 차량을 당황하게 할 때가 한두 번이 아니다. 우선 말이나 소들이 놀라지 않게 차량들은 서서히 속도를 줄이면서 눈치를 살피다가 그들이 안전하게 다시 목장지대로 들어서는 것을 확인한 후에야 차량들은 일제히 제 속도를 내기 시작한다.

한라산 자락의 대부분이 목장지대라는 것을 익히 알고 있었지만 그 목장에 직접 와본 적은 없었다. 지금은 산록도로가 생겨 다행이지만, 예전에 마씨미륵당 가는 길은 여간 난감하지가 않았을 것이다. 광령리에서 출발하여 무수천을 끼고 난 쇠질(소가 다니는 길)을 따라 한라산 방향으로 한참을 올라야 하는, 사람들이 찾아오기에는 무척 힘든 곳이었다고 한다.

마씨미륵당 주소지인 광령리는 애월읍에 속한 마을로 제주시에서 서쪽으로 약 11킬로미터 떨어진 중산간 마을이다. 한라산 정상으로 가는 길목인 사제비오름과 윗세오름도 행정구역으로 광령리에 속한다 하니 무척이나 광활한 지역이다.

이 마을 주변에는 풍광이 뛰어난 무수천이 있다. 한라산 윗세오름 서북벽 계곡이 그 발원지이고 바다로 내리면 월대와 외도천으로 연결되어 있다. 무수천 상류에는 한라산 어승생 물이 있어 옛날 주민들이 음용수나 생활용수로 많이 이용했다고 한다. 뿐만 아니라 무수천은 기암괴석과 울울창창한 숲으로 뒤덮여 예부터 빼어난 풍광으로 잘 알려진 곳이다. 그래서 이곳을 찾은 옛 선비들은 그 풍광에 매료되어 어김없이 마애명을 새겨 풍광의 아름다움을 기록으로 남겼다 한다.

살아 있는 산신 미륵불, 마씨 미륵당

◇ ◆ ◇

우리 일행은 광령리 무수천 상류 제2광령교를 바로 지나 북쪽으로 난 시멘트 도로 갓길로 향했다. 눈앞에 한적한 오솔길이 펼쳐지는데 양쪽으로는 삼나무들이 줄지어 서 있다. 삼나무들이 끝나는 지점에서 동쪽으로 눈을 돌리니 널찍한 목장 초지가 펼쳐져 있는데, 특이한 풍경이 눈에 들어온다.

목장 초지 가운데 둥그렇게 모여 있는 한 무리의 나무들이었다. 위풍당당하게 서 있는 한 그루의 소나무를 배경으로 마치 소녀의 단발머리처럼 보이는 부채꼴 형태의 푸른 나무들과 그리고 머리 아래에서 위로 치솟은 은회색빛 나뭇가지들! 서로를 아우르며 보듬는 평화로운 가족의 모습처럼 보였다. 일행 중 아무도 언급을 하지 않았는데도 나는 단번에 그곳이 '마씨미륵당'이란 걸 눈치챌 수 있었다.

말을 방목하는 목장이라 굵은 철삿줄로 울타리 경계선을 두르고 있어서 조심스럽게 그 위를 넘어야 했다. 사방은 온통 말똥으로 뒤덮여 있어 이리저리 피해 다니며 발을 디디려 애썼으나 속수무책이었다. 소나무로 에둘러 무성한 숲을 이루는 목장 주변을 배경으로 살포시 앉아 있는 마씨미륵당은 마을 사람들에 의해 잘 보전되고 있는 듯한 느낌이 들었다.

가까이 가보니 작은 돌담으로 울타리를 만들고 그 안에 미륵돌이 있었다. 미륵돌은 정말 기이한 모습이었는데, 뚜렷하지는 않으나 얼굴과 팔, 몸체를 구분할 수 있을 정도로 영락없는 사람의 형상처럼 보였다.

일반적인 돌하르방처럼 이목구비가 정교하지는 않지만, 옴폭한 눈, 코, 입을 자연스럽게 새겨놓은 느낌이 들었다.

　미륵돌 앞에는 시멘트로 만들어놓은 넓은 제단이 있었다. 미륵돌을 중심으로 둘러서 있는 나무도 신목의 형태를 갖추고 있었는데 나무의 이름은 사스레피나무였다. 이 나무는 한라산 천연보호구역 내에 산록이나 계곡 등지에 자생하고 있다는 사실은 뒤늦게 알게 되었다. 겨울철인데도 사스레피나무의 푸른 잎들이 울창하여 신당을 아늑한 분위기로 만들어주면서 따뜻하게 품어주고 있는 느낌이다.

　미륵불 제단 밑에는 타다 만 양초 몇 개가 보이고, 신목에는 명주실 다발과 지전, 물색들이 걸려 있었다. 어김없이 광령과 고성 등지의 단골들이 새해 음력 정월경에 이곳을 찾아와서 치성을 드린 흔적들이었다.

　이곳에 오기 전부터 살아 있는 미륵불이라 하여 궁금증이 많았는데 전설처럼 전해지는 이야기는 실로 흥미진진했다. 어찌하여 주로 바닷가 동네에 있는 미륵돌이 여기 한라산 자락까지 올라왔을까. 이름도 '산신미륵'이라 하니 기이한 조합이다.

　마씨미륵당은 산육과 치병을 관장하는 당으로서, 음력 초이레(7일), 열이레(17일), 스무이렛날(27일)에 주로 광령과 고성 등지의 여자 단골들이 다니고 있다 한다. 아이를 갖지 못하는 여인들이 이곳에 와서 간절한 기도를 하거나, 아이가 아플 때도 치성을 드리는 당이다. 심지어 이 당에 갔다 오면 아들을 낳는다는 소문이 있어 많은 사람들이 찾아온다고 한다. 아들을 낳게 하는 신통한 효험에 대한 일화들은 마씨하르방과 직접적인 관련이 있다.

　마씨하르방이라는 사람은 살아생전 이 부근에서 작은 초가를 짓고

　1부　제주의 돌에서 신성을 느끼다

목장 초지 가운데 둥그렇게 모여 있는 한 무리의 나무들 안에 마씨미륵당이 있다.
광령마씨미륵당엔 소나무와 사스레피나무가 당을 둘러싸고 있다.

살며 미륵당을 관리하는 사람이었다. 그런데 사람들은 그 하르방을 미륵당을 지키는 '심방'이라기보다는 '도사'로 불렀다.

그의 풍채는 대단하여 키가 무려 6척이나 되었고, 크고 단단한 체격으로 남다른 기풍이 보였을 뿐만 아니라, 힘이 아주 장사였다고 한다. 그는 자신을 스스로 '한라산 산신령'이라 말할 정도로 단숨에 한 눌(날가리)만큼의 촐(꼴)을 등짐으로 져 나르곤 했는데, 이를 지켜본 사람들은 그의 큼지막한 등짐을 진 모습이 마치 '작은 산 하나를 지고 나르는 것'처럼 보였다고 말한다.

그에 관한 이야기는 끊임없이 이어지니, 그는 누군가 어려운 상황에서 일을 거뜬하게 거들어 주는 해결사 역할을 톡톡히 했다. 예를 들어 누군가 방목하던 소를 잃어 상심이 클 때 그를 찾아가서 부탁하면 귀신같이 찾아주었다. 그리고 소 주인마저도 건드릴 수 없을 정도로 소가 갑자기 거칠고 세차게 날뛰면, 마씨하르방은 대담함과 위력을 발휘하여 소의 양 뿔을 잡은 후 끈으로 꽁꽁 묶어서 주인에게 넘겨주었다는 이야기도 전해져 온다.

옛날에 테우리(목동)들이 소를 잃어버렸을 때 한라산의 산신당을 찾아가서 정성으로 빌면 잃어버린 소을 찾아주었다는 이야기가 있다. 사람들에게는 마씨하르방이 바로 살아 있는 한라산 산신과 같은 능력을 갖춘 사람이었고, 앞뒤의 사정으로 볼 때 그를 '한라산 산신령'이라 부르는 게 자연스러운 일이지 않았나 싶다.

마씨미륵당을 나오면서 주위를 이리저리 둘러보는데, 조랑말들이 우리 일행을 이상한 눈으로 지켜보고 있었다. 문득 궂은 날씨면 이따금 도로 위를 점거하던 소와 말들이 다시 떠올랐다. 만일 마씨하르방이 여

신목에는 명주실 다발과 지전, 물색들이 걸려 있다.

전히 살아 있었다면 그런 상황을 보면서 어떤 모습을 취했을까? 탈출을 했던 소와 말들은 마씨하르방의 강한 눈빛과 위엄 때문에 얌전하게 하르방을 따라가지 않았을까. 내가 생각하기엔 그렇지 않았을 것 같다. 소와 말들을 다그치기보다는 외려 하르방은 눈을 부릅뜨고 산록도로 위를 달리던 운전자들에게 버럭 소리를 지르며 욕을 퍼부었을 것이다.

"야, 인간들아 너희들이 이 도로를 침범한 것이야, 당장 차 돌려!"

목장의 울타리 안 조랑말이 신기한 눈으로 우리 일행을 쳐다보고 있다.
마씨미륵당을 조심스럽게 살펴보는 조랑말.

약초를 공부한 수제자가 기억하는 마씨하르방

◇ ◆ ◇

　마씨하르방이 운명을 다할 때까지 10여 년간 모셔왔다는 어느 수제자의 이야기를 여기에 조심스럽게 실어보고자 한다. 그이는 내 또래의 연령으로 마씨하르방으로부터 약초 구분법과 효능에 대하여 배웠다. 물론 사람의 기억에는 한계가 있어 일부 내용은 황당한 이야기라고 치부해 버릴 수도 있다. 그런데 불교신문에 실린 기사들과도 일맥상통한 이야기들이 많이 있었다. 나는 마씨하르방의 살아생전 일화를 들으면서 그가 죽은 후에도 전설처럼 마을 사람들에게 널리 알려져 미륵불로 좌정한 수수께끼가 풀리는 듯했다.

　마씨 하르방(본명은 마용기이다)의 부친은 전라도 강진 출신으로 의술과 점술, 주력 등에 능통했던 인물로 전해진다. 19세기 중반에 제주에 입도하여 일가족과 함께 제주도 성읍에 와서 생활의 터전을 잡게 되었다.

　제주에 정착하기 시작하며 성읍 부근 산굼부리의 일대를 사들였는지는 확실치 않으나 마용기가 그 일대 땅의 소유자였고, 산굼부리 부근에 초가집을 짓고 살았다는 얘기가 전해온다. 아마도 산굼부리 일대의 너른 수풀 속에 약초재배단지를 조성하기 위함이 아니었는가 추정하고 있다. 무슨 사정이 있었는지 모르지만 산굼부리와 그 일대의 땅을 팔게 되었고, 그 돈으로 동회천 화천사와 광령 수덕사, 산방산 부근을 포함하여 다섯 군데에 큰 절을 지었다.

　실제로 동회천 화천사 건립과 관련된 자료를 뒤적일 때 '마용기'라는 이름이 보여 어떤 연관이 있을까 궁금했었다. 이 사람의 근본은 원래 스님이 아닌가 싶을 정도로 절 건립에 정성을 쏟은 사람이었다. 불교 신앙이 추구하는 깨달음의 세계를 실천하고 중생들을 바른 길로 인도할 장본인이 바로 자신이라는 진정한 믿음과 진정성을 두루 갖춘 인물이 바로 마용기가 아니었을까 하는 생각도 해본다.

마용기의 증조부는 원래 중국 남부 지역 출신이라는 이야기가 있다. 할아버지 때부터 그 일가의 자손들은 중국에서 의학을 공부했다. 마용기도 일제 강점기 때 중국 남부에 있는 마씨 친인척이 사는 마을로 건너가 약초와 침술을 배웠기에 그 분야에서 누구보다 능통했다는 것이다.

이를 토대로 마용기는 거의 백수를 누렸다 하니 평소 건강을 위한 약초와 침술에 능통했기 때문에 장수할 수 있었던 것은 아닌가 추측할 수 있겠다. 그는 자신이 공부한 내용을 바탕으로 250여 가지의 약초 처방을 정리하여 책으로 묶었는데 안타깝게도 그 책은 분실되었다고 한다. 누군가 대학원 공부에 필요하다 하여 빌려줬는데 돌려주지 않았다는 것이다.

광령리로 생활의 터전을 옮긴 그는 이웃 사람들의 잃어버린 소나 말을 단숨에 찾아주는 등 한라산 산신령으로 소문이 날 만큼 기골이 장대하고 힘과 에너지가 남달랐다는 점에서 마을 사람들의 우상이 되었고 마을의 대소사에 관여하여 해결사 역할을 했다.

그는 평소 약초를 구하러 한라산 등지를 누비고 다녔기 때문에 일반인들보다 지리에 밝고 소나 말의 생리를 잘 알고 있었다. 그리고 마을 사람들에게 무엇인가를 퍼주는 것을 좋아했다고 하니 사람들이 병으로 고통을 받고 있을 때 약초와 침술을 통해 이웃의 고통을 덜어주는 의원의 역할을 수월하게 할 수 있었을 것이다.

마씨하르방은 죽은 사람들끼리 하는 혼례식인 사혼(死婚)를 해주었다는 일화도 있다. 식에 앞서 인형 대용으로 만들 짚을 어렵사리 구하고 손수 만들어 사혼식을 거행하는데 노랑나비, 흰나비가 나풀나풀 날아들어 놀라웠다는 신기한 경험을 수제자가 웃으면서 들려주었다. 노랑나비가 신랑으로, 흰나비가 신부로 화신한 것이 아닌가 하면서 말이다.

마씨하르방이 미륵당 옆에 초가를 짓고 살았는데 어느 날 술을 먹고 잠자다가 집에 화재가 나서 불에 타 숨졌다는 얘기는 왜곡된 억측이 아닌가 한다. 왜냐하면 그가 말년에 화병을 앓아 제주시 모병원에서 죽었는데, 그 수제자가 마씨 하르방의 임종을 지켰다고 증언하고 있기 때문이다.

한때 그의 강한 정력이 아이 못 낳는 여인에게 아이를 낳게 했다는 소문과 함께 그가 낳은 아이가 오백이 넘는다는 말도 공공연하게 떠도는데, 사실은 마용기가 자신이 잘 알고 있는 약초 처방이나 침술을 발휘하여 아이를 낳지 못하는 여인들을 치료해 준 것이 아닐까 한다.

아무튼 아들을 낳게 해주었다는 소문은 다시 소문을 타고 더욱 신비로운 신화로 재탄생되어 죽어서도 그 사람을 조상신으로 믿고 모시면 신통력을 발휘하는 당신으로 여전히 살아남은 것이다. 살아생전에 그는 의술, 역술, 풍수에 밝을 뿐만 아니라 앞을 내다볼 줄 아는 혜안을 가진 비범한 사람이었기 때문이다.

무르익은 봄날, 다시 찾은 마씨미륵당

오월의 봄바람을 타고 친구와 나는 마씨미륵당을 다시 찾았다. 산록도로의 길가에는 붉게 핀 철쭉꽃이 한창이고 산딸나무의 하얀 꽃내음이 기분을 상쾌하게 했다. 우리는 마씨미륵당에 들어가기 전에 산록도로 주변을 찬찬히 둘러보기로 했다. 당과 멀지 않은 곳에 위치한 광령교 다리 아래 무수천의 우거진 숲을 보며 절로 감탄이 나왔다.

그런데 무수천의 푸르른 숲과 숲 사이에 가로 놓인 긴 파이프가 보여 그 정체가 무척이나 궁금했다. 그것은 놀랍게도 광령천 수로 파이프였다. 강정효 작가의 『제주, 아름다움을 넘어』에 의하면 광령리가 무수천 상류 어승생 물을 파이프로 끌어다 그 물로 논농사를 지었다는 것이다. 논농사라니? 이게 과연 실현 가능한 일이었을까. 물이 귀한 제주에서 그것도 해안마을이 아닌 중산간 마을에서 말이다.

제주의 척박한 자연환경을 이겨내려는 옛 제주인들의 뜨거운 노력과 남보다 앞서 깨달아 실천하는 선구자들의 삶이 실로 자랑스럽게 여겨지는 대목이다. 또한 제주의 아름다운 경관 너머에는 어떻게든 자연을 활용하며 삶을 영위하려 했던 선조들의 지혜가 숨어 있어 나도 모르게 탄성이 절로 나왔다.

다시 찾은 마씨미륵당의 목장 초지에도 알록달록한 들꽃 무리가 떠들썩하게 피어 있었다. 목장의 잡초들이 우리 일행의 발을 덮을 정도로 무성하게 자라 있지만, 지난번 답사 때 보았던 말들은 보이지 않았다. 말을 방목하며 관리하는 테우리도 아무런 기척이 없고 목장 여기저기서 부지런히 이 잡초를 뜯고 있어야 할 말들의 행방이 궁금해졌다. 대체 그 많던 말들이 모두 어디로 갔을까.

마씨미륵당을 둘러싼 돌담 주변과 나무들은 봄의 색채로 더욱 환해진 느낌이었다. 그러나 당 안은 지난 정월에 사람들이 다녀간 흔적 그

무수천 숲 사이에 놓여 있는 관개수로 파이프. (ⓒ홍죽희)

대로의 모습이다. 색바랜 지전과 물색, 타다 만 양초와 미륵돌만 외로이 앉아 있었다.

화창한 봄날이지만, 코로나19로 인해 몸과 마음이 어수선한 채 정지된 느낌을 받는 요즈음을 생각하며 목장 초지 맞은편을 바라보았다. 저 멀리서 가슴을 탁 트이게 하는 오름들이 보인다. 한라산 자락에 광활하게 펼쳐진 곶자왈 지대를 보고 있으면 저곳이 바로 제주의 허파로구나 하는 마음이 절로 든다. 수많은 오름 뒤로 마음의 안식처인 한라산이 저만치 눈에 들어왔다.

한라산신 미륵으로 내려앉다

　새해 정초부터 대한민국을 비롯한 여러 나라에서 신종 코로나 바이러스 공포로 떠들썩하다. 각종 언론 매체에서는 과거 그 어떤 바이러스보다 큰 피해를 가져올 것 같다며 연일 보도하고 있고, 시시각각으로 감염 확진자 확산 방지를 위해 협조를 당부하는 안전 안내 문자메시지들이 수없이 날아든다.

　추워진 날씨와 코로나19 소식으로 울적한 마음을 달랠 겸 우리 답사 일행이 찾아 나선 곳은 애월읍 하가리 고내봉에 위치한 '큰신머들 새당 하르방당'이다. 이 당은 천연두와 홍역에 효험이 있다고 한다.

　우리 일행은 큰실머들 새당 하르방당에 가기 위해 고내봉을 오르기 시작했다. 고내봉은 부담 없이 산책할 수 있는 나지막한 오름으로 주위에는 피톤치드가 다량 함유된 편백나무들이 많았다. 숲길을 걸으면서 숲이 내뿜는 신선한 향기를 마음껏 즐길 수 있었고, 땅에서 올라오는 풋풋한 흙 냄새와 예쁜 새소리는 닫힌 우리들의 마음을 열어주기에 부족함이 없었다.

얼마 걷지 않았는데 고내봉 중턱인가 싶더니 바로 정상에 도착할 수 있었다. 중턱부터 군데군데 무덤들이 보였는데, 정상의 정면에는 큰 규모의 가족공동묘지가 있었다. 큰실머들 새당 하르방당은 바로 가족묘지 오른쪽에 자리하고 있는데 표지판이 당의 입구임을 친절하게 알려주고 있다.

풍수에 대해서는 전혀 문외한이지만 내 느낌만으로도 이 당은 오름의 정상 가까이에 위치할 뿐만 아니라 따스한 햇볕이 잘 드는 명당자리임이 분명했다. 주변에 산자리를 많이 쓴 것도 그렇고 무엇보다 이 당에서 오름 아래를 내려다보니 하가리 마을 전경이 한눈에 들어왔다. 사후세계를 믿었던 선조들은 이승에서의 주거 공간인 택지 못지않게 저승에서 영생을 누릴 산자리를 정하는데 온 정성을 기울인다는 얘기가 문득 떠올랐다.

이 당의 울타리는 보기 좋게 돌담으로 빙 둘러 있는데 당 안으로 발을 딛는 순간 기운차게 보이는 바위 덩어리의 기세에 깜짝 놀라고 말았다. 쳐다보기만 해도 크기나 규모에서 정말 압도당하는 느낌이었는데 바로 선돌 형태의 미륵신들이다.

나뭇가지만 남아 스산하게 보이는 팽나무와 암석 앞의 멀구슬나무, 그리고 담 주변의 보리수나무들은 이 미륵신들의 신성성을 더욱 극대화시키고 있다.

이 신당은 모두 다섯 개의 바위로 이루어져 있다. 그 바위 아래쪽으

큰신머들 새당 하르방당의 입구, 당의 유래를 설명하는 표지석이 보인다.
큰신머들 새당 하르방당의 내부 모습, 나무 위에 지전과 물색, 그리고 명주실이 걸려 있다.

로 신령들이 드나든다는 자연지형인 궤도 볼 수 있었다. 나무 위에는 지전과 물색, 그리고 명주실이 걸려 있었는데 천연두와 홍역에 효험 있는 당이라 근간에 누군가 아이의 건강을 빌기 위해 다녀간 흔적들이겠다.

이 당 이름인 '큰신머들'은 제주어로 큰 신들이 있는 돌무더기라는 뜻이다. 거대한 바위들이 당의 신체로서 이곳에는 '산신백관, 을서, 병서, 세제동공, 초립동이'라는 다수의 남신들이 좌정하고 있다. 이 당에서는 천연두와 홍역 등 옛날에 사람들이 가장 두려워하는 전염병을 치유하기 위해 비념을 드리는 곳이라 한다.

가운데의 가장 큰 바위가 '새당하르방'이라 불리는 산신미륵인데, '산신하로백관또'라고 한다. 그리고 을서와 병서는 고려말 장수신으로 장군당 본풀이에 등장한다. 을서, 병서라는 장수는 고려 시절 삼별초의 김통정 장군을 물리친 인물로 이 당에 좌정한 신이고 나머지 세제동공은 천연두와 홍역을 담당하는 신이다.

큰신머들 새당 하르방당 본풀이

◇ ◆ ◇

옛날 어느 마을에 초립동이가 가난하게 살고 있었다. 하루는 초립동이가 삼태기를 엮는 정동(댕댕이덩굴)을 걷으러 산에 갔다가 점심밥으로 수수범벅을 먹고 있었다. 어디선가 산신백관이 나타나 초립동이가 먹고 있는 음식에 호기심을 보였다. 산신백관이 무슨 음식이냐 물으며 자신에게 조금 주면

거대한 바위 덩어리가 신의 몸이 되기도 한다.
큰실머들 새당 하르방당의 미륵돌 위에는 덩굴식물이 머리 장식처럼 자라고 있다.

먹어보겠다고 말했다.

초립동이는 잠시 머뭇거리다 수수범벅을 펼쳐 놓았다. 좋은 음식은 아니지만 한번 잡숴보라고 산신백관에게 권했다. 산신백관은 처음 보는 음식이지만 먹어보니 그런 대로 먹을 만했다. 산신백관은 초립동이에게 네가 살고 있는 곳으로 가면 이런 음식을 먹을 수 있겠느냐 물었다. 초립동이는 자신의 마을에 가면 좋은 음식은 먹기 힘들지만 이런 수수범벅은 쉽게 먹을 수 있다고 하자, 산신백관은 얼른 초립동이를 따라 길을 나섰다.

마을에 온 산신은 마을에서 조금 떨어진 당 동산에 좌정하게 되었다. 그런데 아무리 기다려도 산신백관인 자신에게 나쁜 음식이든 좋은 음식이든 대접하는 사람들이 아무도 없었다. 하루는 산신백관이 초립동이를 불러서 따져 물었다.

"초립동이야, 네가 살고 있는 마을에 가면 수수범벅 정도는 얻어먹을 수 있다고 해서 따라 내려왔는데, 아무도 내게 음식을 대접하는 이가 없구나. 도대체 어떻게 된 일이냐?"

이 말을 듣고는 초립동이가 어이없는 표정을 지으며 산신백관에게 큰소리로 말했다.

"아무리 신이라고 해도 가만히 앉아만 있으면 누가 음식을 갖다 주고 대접합니까? 가만히 있지 말고 한번 무쇠 활에 무쇠 화살을 걸어서 동서남북 동네 어귀에 쏘아봅서. 그 자손에 병이 나고 살림살이가 불편해야 산신백관을 받들고 잘 모실 것 아니우꽈."

산신백관이 초립동이의 말을 듣고는 동네 어귀를 향해 무쇠 화살을 쏘니 어김없이 마을에 불길한 일들이 생기기 시작했다. 근심에 싸인 마을 사람들이 하가리 여신 송씨할망에게 여쭸더니, '산신백관이 당 동산에 좌정하고 있는데 조화를 부리고 있다.'라고 말했다. 이에 깜짝 놀란 마을 사람들은 산신백관을 고내오름의 가장 정결하고 양지바른 곳에 모시어 제를 올리게 되었다.

산신백관님이 좋은 곳에 좌정했다는 소식을 듣고 어느 날, 을서님과 병서님이 구경을 왔다. 을서님과 병서님이 그 장소를 보고 너무 마음에 들어 자신들도 함께 좌정하여 당제에 참여할 수 있게 해달라고 부탁을 했다. 산신백관은 기꺼이 두 신의 부탁을 받아들여 앞쪽으로 좌정하게 했다.

세제동궁도 이 소식을 들어 마찬가지로 산신백관에게 사정하니, 이번엔 세제동궁을 서쪽으로 좌정할 수 있도록 허락했다. 뿐만 아니라 초립동이도 산신백관을 좋은 곳에 좌정하도록 인도한 공로를 인정받아 나란히 좌정하게 하였다. 그 후 마을 단골들이 이 당에 와서 메와 술잔 등 제물을 한 그릇에 올려 제를 지내는데 이곳에 좌정한 모든 신들을 위하는 것이다.

——진성기,『제주도 무가본풀이 사전』의 본풀이를 바탕으로 재정리

이 당은 워낙 강하고 센 당이라 앞을 지나는 말들도 꼼짝 못하고 멈추는 바람에 어쩔 수 없이 말 탄 사람이 말에서 내려 걸어 지날 수밖에 없었다고 전해지기도 한다. 또한 이 당 산신백관은 돼지고기 냄새를 싫어하기 때문에 돼지고기를 먹은 자손은 절대 가지 못하는 당으로 맑디맑은 조상신이라 했다. 그래서 마을 단골들이 돼지고기를 먹어 부정한 몸으로 이 당에서 제사를 지내면 자손의 몸에 부스럼을 준다고 한다.

최근 들어 이곳 마을주민들이 후세 자손들에게 학습의 장으로서 전통문화의 계승발전을 위해 당의 울타리를 정비하고 당의 유래를 기록한 비를 세워 보존하고 있었다. 이 당은 새당이라 하여 원래 상가리의 본향당으로 부르지만, 예전에는 상가리와 하가리가 한 마을이었다. 따

라서 하가리와 상가리 주민 모두가 이 당의 단골들이다. 지금은 매해 정월 초에 택일하여 개별적으로 새벽 시간에 조용히 다닌다.

1980년대까지만 해도 정월 초에 이곳에 심방이 상주하면서 복을 빌고 일 년 운세를 점치기도 했다는 기록이 있다. 오래전부터 마을에서 포제를 지내기도 하는데, 제를 지내기 전에 반드시 이곳 고내 큰신머들 새당 하르방당에 와서 궤문을 열어놓아야 한다고 전한다.

포제가 끝나면 산신백관과 초립동이, 을서와 병서, 세제동공의 몫으로 세 곳에 제물을 싼 지를 묻는다. '지'는 쌀이나 향가지, 돈 따위를 백지에 싸서 주먹만 하게 만든 것이다. 유교적인 유습에 의해 많은 본향당들이 파괴되고 훼철되었음에도 불구하고 이곳은 포제를 전후해서 본향당을 찾는 것으로 봐서 포제 이전에 당제가 우선이었음을 입증하는 근거이기도 하겠다.

바닷가 마을의 해신미륵은 기이한 모양의 미륵돌을 가져와 마을수호신으로 모시는 신이다. 그런데, 이곳 하가리 고내봉에 좌정하고 있는 한라산 산신미륵은 오름에 있는 거대한 바위 그대로의 모습이었다. 하늘에서 내려온 신들은 땅에 내려오면 크고 우뚝하게 보이는 선돌이나 미륵바위의 형상으로 나타난다. 상상 속의 산신이 지상에 내려와 인간과의 인연을 이어가고 있는 것이다.

산이나 오름의 기이한 바위는 옛날 가난한 사람들에게 복을 주고, 자식 없는 사람들에게는 아이를 낳게 해주는 신으로, 병들고 고통받는 사람들에게 어둠 속에 보이는 한 가닥 희망으로 자리를 잡고 있었다.

우리는 산신미륵 앞에서 천연두나 홍역 대신 요즘 기승을 부리고 있는 신종 코로나 바이러스 전염병이 하루빨리 물러가기를 함께 기원했다. 그러면서 예전 사람들은 이러한 전염병들이 얼마나 무서웠으면 이렇게 거대한 미륵신을 모셔놓고 기도를 올렸을까 하는 당시 심정을 헤아려보았다.

여행사를 운영하는 사진작가는 제주 여행을 예약했던 사람들이 줄줄이 취소를 하는 바람에 운영란을 겪고 있어 그런지 자꾸만 한숨을 내쉬며 근심 어린 표정을 감추지 못했다. 바이러스에 대한 공포와 무력감, 경제위축에 따른 생계에 대한 불안, 급작스러운 사회적 단절로 겪는 심리적 고통 등 코로나 사태의 심각성을 어렵지 않게 읽을 수 있는 요즘이다. 이렇게 코로나가 온 나라를 어수선하게 하는 이 시기에 큰실머들 새당 하르방이 가진 의미에 대해 다시 한번 생각해 보지 않을 수 없었다.

옛날에는 역병에 걸리면 역신(疫神)이 사람의 몸을 범하는 것으로 생각하여 주술이나 기도에 의지하여 극복하고자 했으며, 역병에서 벗어나려고 여러 가지 수단과 방법을 가리지 않았다. 특별한 의약품이 없던 시절이라 유행의 범위도 엄청난 것이어서 사람들에게는 공포와 외경의 대상이 될 수밖에 없었다. 천연두는 이름도 다양하여 '손님', '마마', '마누라', '역신' 등으로 불려왔다.

『총, 균, 쇠』의 저자인 제레드 다이아몬드는 가장 오랜 기간 인류를 죽음에 이르게 만들었고, 가장 광범위한 지역에서 역사를 극적으로 변화시킨 질병은 다름 아닌 천연두라고 말한다. 총칼에 의해 전쟁터에서 사망한 사람보다 외래에서 건너온 병원균에 의한 죽음이 더 많을 정도였으니 말이다.

먼 옛날 제주 사람들이 간절하게 바라고 원했던 것은 부귀와 영화를 누리는 것이 아니라, 질병 없이 편하게 사는 무병과 장수의 삶이었다.

현대사회에 들어오면서 천연두나 홍역은 예방주사를 맞고 병원 치료를 통해 완치되는 병이지만, 예전에는 가장 무섭다는 전염병들이었다. 그러니 피한다고 해서 피해지는 일은 아니었다. 전염병이 완치되는 일은 거의 불가능에 가까운, 너무나도 드물고 힘겨운 일이었기 때문이다. 그 당시에는 마땅한 병원도 없었을뿐더러 의료 수준도 전혀 갖춰지지 않았던 시절이었다.

그래서 어린아이들이 첫돌을 넘기기 전에 죽는 일이 다반사였다. 오죽했으면 '열 낳아 다섯 건지면 그나마 다행'이라는 얘기가 공공연하게 회자되었을까. 우리네 제주 사람들에 있어서 산육과 치병은 평생을 좌우할 정도로 가장 중요하고 기본이 되는 일이었다.

그래서 일상적으로 우리 어머니와 할머니들은 당을 찾아 아기 출산과 건강을 위해 비념을 하였다. 이렇게 삼승할망을 일상적으로 찾는 일이 당연하고도 자연스러운 모습이었다. 자녀가 태어나면 첫돌이 돌아올 때까지는 그 목숨을 부모가 관장하는 것이 아니라 산육을 관장하는 삼승할망의 몫이라는 관념이 일반화되어 있던 시절이었다.

제주신화에는 '할망본풀이'가 있는데 삼승할망, 구삼승할망, 마누라신(마마신)이 등장한다. '삼승할망'은 생불신(生佛神)으로 아이의 잉태, 출산, 성장 과정에 이르는 일을 맡는데 마을 사람들에게는 인기가 있어 가장 우위로 모시는 신이다.

'구삼승할망'은 삼승할망과 꽃 가꾸기 대결에서 밀려나 옥황상제로부터 저승을 관장하는 할망으로 임명된 신인데, 아이들에게 온갖 병을 주어 몹쓸 병에 걸리거나 죽게 하는 저승신이다. 반면에 마음이 깊고 넓은 삼승할망은 구삼승할망을 잘 달래고 설득하여 아이들을 질병으로

부터 구원하는 방법을 인간들에게 알려주는 지혜를 발휘한다.

그리고 '서신국마누라'는 천연두, 홍역 등 무서운 역병을 주는 신이다. 인간이 살면서 한번은 만나게 되는 신으로 얼굴에 마마 자국을 남긴다. 그는 남성신으로 권력과 힘을 상징하며 하늘 높은 줄 모르고 까불지만, 결국 아기의 탄생을 관장하는 삼승할망의 덕망과 위용 앞에 고개를 숙이고 무릎을 꿇는다.

얼마 전에 제주도의 '민요패 소리왓'의 삼승할망 관련 공연을 흥미롭게 구경한 적이 있다. '시간이 흐를수록 세상에는 아픈 곳이 너무도 많아, 세상이 변하고 변할수록 우리네 신들은 할 일이 너무나 많다.'라는 주제로 제주신화 속 삼승할망과 서산국마누라의 대결 양상을 제주의 전통 민요와 창작 민요를 잘 버무려 창작한 소리굿 공연이었다.

진성기의 『제주도무가본풀이사전』을 보면, 할망본풀이 굿을 할 때 구삼승할망과 마누라를 잘 달래서 보내는 배송굿 절차가 있다. 특히 천연두나 홍역을 예방하거나, 천연두에 걸렸을 때 마마신을 청하여 마마를 곱게 달래어 보내고 명과 복을 누릴 수 있기를 기원하는 의례로 일명 '마누라배송' 또는 '손님배송'이라고 한다.

'마누라배송'을 할 때는 혼례 때 신혼부부를 모셔가듯, 하인의 목소리처럼 '호웅~' 하고 외치며 조심히 모셔 보내드려야 한다. 왜냐하면 모든 집안이 그렇듯이 후손이 있는 처지에 마누라신에게 밉보여 앙심을 품게 해서 내쫓았다가는 더 큰 재앙으로 돌아올 게 뻔하기 때문이었다.

천연두에 걸려 있는 이를 '마누라또에 걸렸다'고 한다. 신을 의미하는 '또'를 붙임으로써 마누라신이 노하지 않게 할 뿐만 아니라, 정성스럽게 대접하고 달래서 보내자는 신앙민들의 깊은 뜻이 담겨 있다. 할망본풀이는 아마도 인간들이 죽음에 이르는 병을 포함하여 생명의 원리를 어긋나게 하는 질병의 대란을 경고하면서 지혜롭게 이겨나가는 방법을 제시하고 있는 신화가 아닌가 여겨진다.

당을 나오면서 한라산 산신이 어떻게 해서 이곳 마을로 왔을까 자연스럽게 토론이 이어졌다. 여러 얘기가 오간 끝에 사냥이나 채집 시기에서는 산신의 기세가 워낙 컸지만 정착 생활이 시작되면서 바야흐로 농업신이 우월한 지위를 갖게 되고 상대적으로 산신 세력이 약화되었기 때문이라는 결론에 이르렀다.

산신들이 좌정할 곳을 찾지 못해 여기저기 떠돌아다니다 끝내는 수수범벅이라는 거친 음식이라도 먹고 싶어 초립동이 손에 이끌려 마을까지 들어왔다. 신앙민들이 더 이상 산신을 찾지 않으니 오히려 산신이 신앙민을 찾아 내려왔던 것이리라. 그러니 고내봉에 좌정한 산신은 역사 속으로 사라진 수렵 사회의 흔적이 아닐까 생각해 본다.

이 당에는 산신 외에 다른 신들도 함께 좌정하고 있는 것으로 봐서 외부의 다양한 문물을 받아들였던 섬의 특성을 잘 반영하는 것이라는 이야기들도 있었다. 제주시 서부에 해당하는 지역은 동부 지역에 비해 유교와 같은 외래문화를 더 풍부하게 받아들였기 때문이다. 그래서 동부 지역은 무속 신앙이 아직도 많이 남아 있는 반면에 서쪽 지역은 그렇지 못하다. 특히 납읍은 지금도 금산공원에서 포제를 성대하게 치르고 있지만 토속 신앙인 신당은 거의 존재감이 없는 것도 사실이다.

늦은 봄, 하가리 마을 길을 걷다

◇ ◆ ◇

큰실머들 새당 하르방당을 답사한 후, 5월 말에 하가리를 다시 찾았다. 골목길을 천천히 걸어보며 마을 역사의 흔적을 살펴보기 위해서였다. 중산간 지역에 위치한 하가리는 본래 상가리와 함께 한 마을을 이루고 있었는데, 예전에는 '더럭'이라 불리었다.

하가리의 마을 중심에는 아름답기로 유명한 연화못이 있다. 제주도에서 가장 넓고 깊은 연못으로 연꽃, 수련, 소리쟁이, 쇠무릎과 같은 각종 수생 식물과 어류 등 다양한 종이 서식하고 있다. 그래서 친환경습지생태학습장으로 지정된 곳이기도 하다.

옛날에는 하가못이라 했는데 마을에서 가장 큰 물통으로 주민들이 먹는 물, 쉐(소)먹이는 물, 목욕물 등으로 사용했다고 한다. 근래에 들어 연꽃을 많이 심어 연화못이라는 이름으로 새롭게 부르기도 한다.

하가리 마을의 모습도 제주의 여느 마을처럼 많이 변해 있었다. 새롭게 연립주택이나 타운하우스 등이 빼곡히 들어선 모습이다. 몇 해 전에 연꽃을 보기 위해 왔을 때는 먼발치에서도 연화못이 금방 눈에 들어왔었는데 이번 답사길에서는 지나가는 할머니에게 여쭤볼 만큼 주변의 변화된 모습 때문에 연화못을 금방 찾지 못했다.

그러나 여전히 연못의 서쪽 동산에는 고목인 제주 폭낭이 있어 마을 역사의 자취를 간직하고 있었다. 연못 한가운데에 마치 떠 있는 것처럼 보이는 육각형 정자를 향해 목재로 된 산책로 위를 여유롭게 걸었다. 물가를 수놓은 푸른 연잎 위 작은 물방울들은 우리 마음을 맑게 정화

제주도에서 가장 넓고 깊은 연화못, 멀리 고내봉이 보인다.(ⓒ홍죽희)

시켜 주는 듯했다. 그리고 물가 아래로 축 늘어져 있는 수양버들의 모
습에선 콧노래가 절로 나온다.

이곳을 주민들의 휴식 공간으로 활용하기 위해 주변 탐방로에 운동
기구까지 새로 갖추어져 있었다. 그런데 연화못 고유의 평화롭고 한가
로운 분위기가 예전과 달라 보여 살짝 아쉬움이 남았다.

뜨거운 여름이 되면 이곳 연화못은 활짝 핀 연꽃으로 최대 명소가 될
것이다. 넓고 푸른 잎 한가운데 우아하고 고결하게 올라와 활짝 피어날
연꽃을 기약하며, 하가리 마을에 있는 오당빌레당을 향해 다시 골목길
을 나섰다.

하가리 마을 골목에서 매우 크고 위엄 있고 웅장한 팽나무를 만났다. 무려 350년이 넘는 나무로 제주시 보호수로 지정되어 있었다. 친구와 나는 마을 사람들의 쉼터이자 마을의 역사를 고스란히 간직한 팽나무를 흐뭇한 마음으로 한참 동안 바라보았다.

오당빌레 할망당 본풀이

◇ ◆ ◇

상가리와 하가리에는 고내봉 하르방당과 오당빌레 할망당이 있다. 큰신머들 새당 하르방신은 고내봉에서 좌정하여 마을을 내려다보고 있고, 오당빌레 할망신은 마을의 동산에 좌정하여 오가는 마을 사람들의 쉼터로 자리하고 있다. 두 당은 모두 현재까지도 상가리와 하가리 주민들이 본향으로 모시는 당이다.

하가리 남쪽에 오당할망 당집이 있는데 너럭바위 형태로 되어 있다. 옛날에는 당집 속에 나무로 된 신상(神像)을 모셨다고 하나, 이형상 목사 시절 당 오백 절 오백이 불에 탈 때 없어졌다고 한다. 오당할망당 또는 오당빌레당의 내력담을 진성기의 『제주도 무가본풀이사전』을 참고하여 다시 정리를 해보았다.

구좌읍 송당리의 윗송당은 금백주신이 좌정하였고, 둘째 송당에는 세명주신이, 아랫송당에는 소천국이 각각 자리했다. 그 사이에서 태어난 아들의 숫

송씨할망은 일곱아기 단□을청을 거느리고 이곳 오당빌레당에 좌정하게 되었다.
오당빌레 할망당 신목인 팽나무에 단골들이 걸어놓은 지전물색이 있다.

자는 18명, 딸은 28명으로 대가족을 이루었고, 손주와 친척의 수도 무려 378명이나 되어 모두 주문을 외는 신들이 되었다.

마침내 이 신들이 모두 흩어져서 각 마을의 본향에 좌정하게 되었다. 많은 신들 중에서 송씨할망이 송당리에서부터 이곳 하가리 남쪽에 있는 오당빌레에 들어오게 되었다. 이 송씨할망은 일곱아기 단ᄆ 을청을 거느리고 오당빌레 천년폭낭(팽나무), 만년폭낭 아래로 좌정하여 이 마을을 관장하는 당신이 되었다.

오당의 여신인 할망신은 상·하가리 단골들이 매월 음력 1일, 3일, 7일과 같은 홀숫날만을 택하여 정성껏 메밥 한 그릇, 돌레떡, 생선, 백지, 실, 감주나 술로 대접을 받는 신이다. 마을 단골들이 온갖 정성을 다하고 모시면 부스럼이나 허물 등 피부병을 없애주는 치병신이며, 아기의 산육과 건강 등에 효험이 있는 일뤠당신이기도 하다.

오당빌레당의 입구에 있는 커다란 표지석에는 당과 관련된 전설을 소개하고 있는데 허물과 같은 피부병에 관련된 내용이었다.

옛날 변도령이라는 사람이 살고 있었다. 어느 날 변도령의 어머니는 당에 갈 제물을 준비한 뒤에 잠깐 볼 일이 있어 외출을 했다. 그런데 그 틈에 변도령은 그 음식들을 모두 먹어 버렸다. 이 사실을 알고 어머니는 무척 화가 나서 중얼거렸다.

"이 망할 놈의 자식, 당에 가져갈 음식을 모두 먹어치우다니. 그 죄로 궁둥이에 허물이나 돋아 버려라."

그러자 엉덩이에 종기가 돋아 농이 들게 된 변도령은 할망당에 가서 저주의 말을 퍼붓고 종기를 터트려 당에 묻었다. 그 후 마을에 피부병이 돌기 시작하자 마을사람들이 심방을 찾아 그 연유를 물어보니 오당할망의 노여움을 샀기 때문이라 했다. 그리하여 할망의 노여움을 풀기 위해 정성을 들여 굿을 하니 피부병도 사라졌다고 한다.

이 이야기는 신에게 정성스럽게 드릴 음식은 함부로 대해서는 안 된다는 정성과 믿음이 숨어 있다. 내가 어릴 적 제상에 올릴 음식이 너무 먹고 싶어 손으로 집어 먹는 순간 어머니로부터 받았던 엄청난 욕과 꾸중이 생각났다. 요즘에야 조상신보다 자식이 우선이겠지만, 할머니와 어머니 세대에선 제사에 앞서 신앙적으로 금기하는 것이 무척 많았다. 제사를 지낼 동안에는 까치발로 걸을 만큼 발걸음 소리 내는 일조차 조심했으니 말이다.

이 당의 신명은 송씨할망 일곱아기 단믄을청이다. 그런데 신위는 여신 한 명으로 메밥도 한 그릇만 올린다. 송씨할망이 거느린 일곱 아기들의 몫도 올려야 않겠냐 하며 친구와 담소를 나누었다. 아마 송씨할망은 이곳에 좌정하면서 마을 사람들의 어려운 살림을 이해하고 밥 한 그릇으로 일곱 아기들과 나눠 먹었을 것이라고 우리끼리 결론을 내렸다. 제주의 옛 풍속을 소개하는 자료를 읽었는데 아버지는 삼방에서 독상을 받고 어머니와 아이들은 보리낭 깔린 정지에 앉아 낭푼밥 한 그릇으로 한 끼를 해결했다는 이야기가 문득 떠올랐다.

당의 울타리는 돌담으로 잘 둘러 있고, 신목인 팽나무 아래 커다란 너럭바위가 보인다. 아래의 바위들에 기둥을 세우고 넓고 평평한 바위를 잘 받쳐놓은 모습이다. 궤가 보이고 궤 안에는 몇 개의 인형들이 있

오당빌레왓 근처에서 바라본 하가리 마을 풍경. 밭과 밭의 경계를 가르는 밭담의 모습.

다. 아마도 예전에 당집 안에 나무로 된 신상이 있었다 하니 누군가 갖다 놓은 게 아닌가 하는 생각이 들었다. 신목인 팽나무 가지에는 빛바랜 지전물색이 걸려 있었다.

원래 이 당에는 400년이나 되는 팽나무가 있었는데 몇 년 전 큰 태풍으로 인해 한 그루가 소멸되고, 또 한 그루는 말라 죽었다 한다. 그러다가 2010년경에 팽나무와 느티나무 등을 다시 심어 울타리를 정비하고 작은 공원을 조성했다. 또한 마을 사람들이 당을 이용하는 데 불편함이 없도록 당을 정비하고, 마을의 소중한 전통문화를 계승하고 보존하고자 기념비를 세웠다.

고내봉에 있는 큰실머들하르방당과 하가리 오당빌레당이 옛 더럭 마을의 설촌 역사를 담고 있는 문화유산이다. 이러한 마을의 전통문화를 계승하고자 하는 하가리 주민의 자긍심과 깊은 애향심에 다시 한 번 박수갈채를 보내고 싶다.

오당빌레당을 나오니 평온한 마을의 풍경이 펼쳐지고 있는데 밭담이 마치 구불구불 몸을 뒤틀고 있는 검은 용처럼 밭과 밭의 경계를 가르고 있다. 이곳 더럭 마을에서 제주의 원형인 돌담길로 이어지는 옛 모습 그대로의 길을 만날 수 있어 오래도록 길 위에 서 있었다.

2부
한라산의 신들

∷

여연

들어가며

◇ ◆ ◇

제주에서는 어느 지역에 있든 한라산을 볼 수 있다. 제주도가 한라산을 중심으로 둥글게 형성된 지형이기 때문이다. 물론 한라산을 볼 수 없는 지역이 두세 곳 있다는 말을 듣기도 하지만 어지간한 곳에서는 늘 한라산과 마주할 수 있다. 그래서 제주에 살다 보면 어느 곳에서든 모습을 드러내는 한라산이 배경화면처럼 익숙해진다.

하지만 익숙하다고 해서 만만하게 느껴지는 풍경은 결코 아니다. 무심히 바라보는 이에게 문득 장엄한 풍광을 깨닫게 하는 것이 한라산이요, 그 순간 마음속에 경외심을 불러일으키는 존재가 바로 한라산이다.

이런 한라산 정상을 수시로 밟아보고 싶은 때가 있었다. 근거 없는 자신감으로 어지간한 것은 만만하게 생각하던 20대 청년 시절이었다. 친구하고 둘이서 일주일에 한 번씩 한라산 정상에 오르기로 결의하였다.

2부 한라산의 신들

드디어 결행 첫 날, 도시락을 싸 들고 한라산 등반 입구인 어리목으로 갔다. 그런데 관리사무소 앞에 이르자 갑자기 몰려든 먹장구름에 사위가 컴컴해지더니 비가 쏟아지기 시작했다. 그럼에도 한라산 관리사무소의 작은 유리문을 두드린 우리에게 관리 직원은 출입 통제되었으니 돌아가라고 했다. 뭔가에 꽂히거나 목표를 세우면 어떻게든 덤벼들던 나는 그냥 돌아갈 수 없었다. 그래서 유리문 안으로 고개를 들이밀며 한라산에 들어가게 해달라고 졸랐다. 그러자 관리 직원은 우리의 맹랑함에 어처구니없다는 듯 피식 웃더니 짧게 한 마디 했다.

"처녀 귀신 안 되젠 허민 그냥 가는 게 좋을 건디!"

'처녀귀신'이란 한 마디에 아직 꺼지지 않고 있던 의욕이 여지없이 바람 빠진 듯 쭈그러들면서 전의를 상실했다. 우리는 발길을 돌려야만 했다. 사실 관리직원이 안 된다고 할 때, 사람들이 몰래 드나든다는 곳으로 슬쩍 들어가 버릴까 하는 생각을 잠깐 하긴 했다. 하지만 '처녀귀신'이란 말은 무모한 도전이 불러올 여러 위험을 상상하게 하는 데 부족함이 없었다.

발길을 돌렸지만 너무 아쉬워 그냥 집으로 돌아갈 수 없었다. 일주일에 한 번씩 한라산 정상에 오른다는 거창한 계획의 결행 첫 날이 아닌가. 그래서 꿩 대신 닭으로 한라산 자락 산길을 걸어서 시내까지 내려가기로 했다. 어느 시인이 표현처럼 '들도 없이 산이 되는 목 타는 비탈' 길을 우리는 비를 맞으며 걸었다. 걷고 또 걷다 배가 고프니까 나무 아래 선 채 적당히 빗물을 국물 삼아 도시락을 까먹었던 기억이 아직도 생생하다.

첫 등반이 수포로 돌아간 후 더 이상 그런 거창한 계획에 연연하지 않게 되었다. 그래도 한동안 한라산국립공원 관리 직원의 '처녀 귀신' 운운하며 어처구니없다는 듯 웃었던 표정이 떠오르곤 했다. '얘네들이 한라산을 뭘로 보고!' 하는 표정 말이다.

이렇게 한라산은 평온한 모습을 보이다가도 느닷없이 폭우나 폭설을 쏟아낼 정도로 시시각각 변덕을 부리곤 한다. 3월 무르익은 봄날에 느긋한 마음으로 한라산에 들어섰다가 때 아닌 폭설로 상고대 눈꽃 세상을 선사받기도 했지만, 시시때때로 한라산은 눈비를 퍼부으며 우리의 접근을 허락하지 않았다.

제주에 살고 있는 사람들은 한라산이라는 존재와 직간접으로 관계를 맺으면서 살 수밖에 없다. 우리 조상들은 지금 우리보다 더 한라산과의 관계가 더 밀접했으리라. 그래서 누군가는, 제주 사람들에게 한라산은 사냥과 방목의 장소이면서 죽으면 묻히는 영적인 공간이었다고 말한다.

제주 사람들은 한라산을 '하로영산'이라 부르며 신성시했다. '하로영산'은 신령이 있는 한라산이란 의미이다. 사람들은 한라산을 신 자체로 관념하였고, 그에 따른 신화를 전승했다.

한라산, 혹은 한라산 자락에서 솟아난 신들과 그 후손들을 '하로산또'라고 부른다. '한라산'에 신을 의미하는 '~또(도)'를 붙인 것이다. 한라산신들은 때로 '비의 신'으로, 때로 '바람의 신'으로, 때로 '사냥신'으로서의 신격을 보인다. 평소 한라산이 보여주는 변화무쌍한 모습을 신의 권능으로 형상화한 것이다.

1만 8천 신들의 고향 제주에서 한라산신인 하로산또들은 중요한 신의 계보를 이루고 있다. 민속학자 문무병은 『제주도 본향당 신앙과 본

2부 한라산의 신들

풀이』에서 '필자가 조사한 250개의 신당 중 하로산또를 모시는 산신당의 수는 61개로 전체의 24%를 차지하며 농경신계의 신당 수 다음으로 많다.'고 하였다.

'절 오백, 당 오백'이라는 말처럼, 제주의 마을에는 신을 모시는 신당이 두세 개는 기본으로 있고, 어떤 마을에는 일고여덟 개가 넘게 보존되어 있다. 이러한 신당에는 그곳에 좌정해 있는 신의 이야기, 즉 당본풀이가 전해진다. 물론 세월의 흐름과 변화 속에 이야기가 소실되어 이름만 남아 있는 신당도 많다. 하지만 아직까지 당굿이 행해지고 있는 신당들은 거의 대부분 당신화를 보존하고 있다.

강림차사 신화인 차사본풀이나 농경신 자청비 신화인 세경본풀이 등의 제주신화는 풍부한 서사를 자랑한다. 그에 비해 당신화는 내용이 짧고 서사도 갖추지 못한 게 많아 보잘 것 없이 보이기도 한다. 하지만 그 짧은 서사는 그 당을 모시는 마을 공동체의 삶과 역사를 함축하고 있다. 그래서 몇몇 신당은 기록되지 않은 마을의 역사와 문화를 담고 있는 문화유적지로서 지방자치단체 제주도의 보호를 받고 있다.

신동흔은 『살아 있는 한국 신화』에서 '신화는 인간과 삶의 문제를 보편적으로 함축하는 원형적인 이야기'라고 하였다. 제주신화 당본풀이 속에서 마을 공동체의 역사와 문화, 그리고 그곳에 살았던 선인들의 삶을 상상할 수 있는 이유이다.

제주도의 한라산신 하로산또를 모시는 신당과 당본풀이는 제주 사람들의 삶의 시작과 역사를 알게 해주고 기록되지 않은 토착 문화를 짐작하게 해주는 부호와도 같다. 사냥을 하며 한라산을 누비던 사냥신들 뿐만 아니라 바람신으로 풍수신으로, 가부장적인 권위를 내세우던 산신백관으로 변신을 거듭하던 산신들의 역정이 담겨 있기 때문이다. 당 신화를 들여다보면 제주의 하로산또들은 단지 무섭거나 혹은 영험하거나 용맹하지만은 않다. 때로 우리 서민들처럼 평범하고 변덕스럽고 볼썽사납기까지 한다. 외부세계에서 들어온 여신들에 밀려 쫓겨나기도 하고 조롱당하면서 꼴사나운 모습을 드러내는 신도 있다. 이러한 모습이 단지 엄숙하기만 한 신보다도 더 인간적으로 친숙하게 다가오는 것은 우리네 할아버지, 아버지 그리고 이웃집 아저씨의 모습을 닮았기 때문이리라.

지난 4년간 제주 마을 곳곳에 남아 있는 신당들을 찾아 다녔다. 20여 년 직장 생활을 하다가 다시 돌아온 고향 제주에서 뜻하지 않은 인연으로 제주신화를 만나게 되었고, 신화연구소 분들과 신당 답사를 하게 된 것이다. 답사 길에서 만난 제주의 신들은 하늘에서 내려온 별공주 아기씨, 아기들의 피부를 곱게 해주는 용궁의 셋째 공주님, 나주 금성산에서 들어와 제주 여인들의 순결을 지켜주는 뱀신 방울아기씨, 그리고 한라산에서 솟아난 산신 하로산또였다.

이들 신 중에서 한라산에서 솟아난 한라산신 하로산또들이 이 글의 주인공이다. 하로산또들이 좌정해 있는 신당을 찾아보고, 그곳에 전하고 있는 신화를 정리하면서 앞서 살았던 선인들의 삶을 풀어내 보았다. 이미 신화가 소실되어 남아 있지 않거나 흔적만 보일 경우에는 보잘 것 없는 자취라도 붙들고 암호를 풀어내는 심정으로 이야기를 나누며 마음껏 상상해 보기도 했다.

사냥의 신, 비와 바람의 신, 도교의 신선을 닮은 산신백관, 그리고 바다 건너 강남천자국까지 종횡무진 활약하다 돌아온 하로산또까지, 이

들 한라산신들의 서사를 펼쳐 보이면서 나의 소회도 곁들여보았다. 자,
한라산으로, 산기슭 동네 어귀 골짜기로, 바다가 보이는 언덕으로 신의
이야기를 벗 삼아 길을 떠나보자.

부인에게 쫓겨난 사냥신 소천국

　한라산신 가운데 대표적인 사냥신은 송당의 소천국이다. 강남천자국에서 들어온 백주또와 혼인하여 아들 열여덟, 딸 스물여덟을 낳았는데, 이들이 낳은 아들딸들이 줄이 뻗고 발이 뻗어 손지방상 삼백일흔여덟이 되었고, 여러 마을의 신(神)이 되었다. 이들을 송당계 신이라 하는데, 제주의 대표적인 신의 계보다.

　송당계 신들의 구체적인 내용은 아들들만 전해지고 있는데, 김오생 심방에 의해 구송되는 송당계 신들은 다음과 같다.(전통문화연구소, 『제주신당조사』) 어느 마을 어느 신이 송당의 몇 번째 아들인가 하는 구체적인 내용은 구술하는 심방에 따라 조금씩 다르다는 것을 미리 알려둔다.

　1남 하덕천리 거멀 문국성

2남 대정읍 안덕면 사계리 광정당

3남 성산읍 신풍리 웃내끼 본향당

4남 제주시 광양당 당신

5남 제주시 내왓당 당신

6남 제주시 서낭당 당신

7남 구좌읍 한동리 궤본산국

8남 제주시 거로 당신

9남 조천읍 교래리 도리산신또

10남 조천읍 와흘리 고평동 궷드르 산신또

11남 조천읍 와흘리 한거리 하로산또

12남 제주시 동회천동 세미 하로산또

13남 제주시 도련동 산신또

14남 제주시 삼양동 가물개 시월도병서

15남 조천읍 선흘리 알선흘 산신또

16남 구좌읍 김녕리 궤노기한집

17남 표선읍 토산리 서편한집

18남 제주시 도두동 오름허릿당

　백주또를 모시고 있는 송당본향당을 제주 당 신앙의 성지라 하고, 백주또를 제주 당신(堂神)의 어머니라고 한다. 그런데 백주또의 남편신이자 제주 토착신인 소천국에 대해서는 제주 당신의 아버지라고 굳이 거론하지는 않는다. 더구나 소천국이 좌정하고 있던 당은 오랫동안 사람이 다니지 않아 폐당이 되었다. 요즘에 마을 청년들에 의해서 다시 정

송당본향당의 신년과세제 당굿.
송당 신년과세제 때 '토산 애기놀림' 의례로 신화의 내용을 극화하는 장면.

비되었지만 말이다. 소천국은 사람들에게 오랫동안 잊힌 존재였던 셈이다.

이렇게 신화 속에서나 등장했던 사냥신 소천국을 우리들 곁으로 소환하여 이야기를 이어가고자 한다. 소천국은 초기 수렵시대를 대표하는 사냥신으로 비록 변화하는 역사의 물결에 휩쓸려 잊힌 존재가 되었지만 한라산신 하로산또로서 중요한 위치를 차지하고 있기 때문이다. 또한 소천국은 신화로 구전되면서 구술자의 입담에 힘입어 생동감 넘치는 개성을 보여주고 있는데, 이는 어느 당 신화에서도 볼 수 없는 것이라 하겠다.

소천국의 생동감 넘치는 모습은 구술자가 현실의 삶을 반영하면서 형상화되었을 것이다. 사냥신 소천국의 행적에서 제주 사람들, 정확히는 우리네 아버지들의 모습을 짚어내는 것도 그를 주인공으로 소환한 이유 중 하나이다.

지난 몇 년 동안 매년 치러지는 송당의 신년과세제(신께 세배 드리는 당굿)에 참석하였고, 송당 지역 신당들을 여러 번 답사했어도 소천국당에는 가보지 못했다. 폐당이 되었다 하고, 신목마저 4·3 때 불이 나서 없어졌기 때문이다. 폐당이 되었다는 것은 더 이상 소천국을 신으로 모시는 신앙민이 없다는 뜻이다. 왜 사냥신 소천국은 사람들의 관심 밖으로 밀려났을까. 신화 속에서 그에 대한 답을 찾아보았다.

신화 속 소천국의 모습

◇ ◆ ◇

소천국이 등장하는 대표적인 신화는 송당본풀이와 궤네깃당본풀이이다. 궤네깃당본풀이는 소천국의 아들인 궤네기또에 관한 신화이지만 송당본풀이와 내용이 유사하다. 이들 신화는 간단하게 신의 계보만 드러나고 있는 여느 당본풀이와는 달리 묘사가 풍부하고, 등장하는 신들도 시대적 특징을 잘 구현하고 있다. 또한 당 신화 가운데 송당본풀이와 궤네깃당본풀이가 가지는 의미가 작지 않으니 연구 자료에도 많이 거론된다.

신화 속에서 소천국은 어떤 모습을 보이고 있을까. 소천국에 대하여 가장 개성 있게 묘사된 신화는 현용준의 『제주도무속자료사전』에 실린 궤네깃당본풀이이다. 이를 바탕으로 앞 부분을 정리해 보았다.

소천국은 알송당 고무니모를에서 솟아나고, 부인인 백주또는 강남천자국 백모래밭에서 솟아났다. 백주또가 열다섯 살이 되자 신랑감을 찾아 천기를 짚어 보니, 조선 남방국 제주땅 송당리에 배필이 있었다. 백주또는 제주섬으로 내려와 송당에 찾아가서 소천국을 만나 부부가 되었다.

백주또가 임신했을 때의 일이다. 소천국은 사냥을 해서 가족을 먹여 살렸는데 둘 사이에 딸 아들이 계속 태어나니 생활이 힘들어졌다. 그래서 백주또는 남편 소천국에게 농사를 짓자고 말했다.

송당리에는 볍씨 아홉 섬지기, 피씨 아홉 섬지기나 되는 오붕이굴왓이라는 밭이 있었다. 오붕이굴왓은 어찌나 넓은지 달이 지고 별이 지도록 밭을 갈아

　　　　　　　　　　　　　　2부 한라산의 신들

도 다 갈 수 없을 정도로 넓은 밭이라 하여 '달 진 밭, 별 진 밭'이라고 불렀다. 소천국은 부인 말을 듣고 '달 진 밭 별 진 밭'에 가서 농사를 짓기로 했다. 그래서 소 한 마리에 쟁기까지 갖추고 아침 일찍 밭으로 향했다.

백주또는 밭을 갈고 있는 남편을 위해 밥도 아홉 동이 국도 아홉 동이를 장만해서 오붕이굴왓으로 갔다. 과연 남편 소천국이 소를 앞세워 부지런히 밭을 갈고 있었다. 백주또는 남편이 부지런히 일하는 모습을 보니 마음이 흐뭇했다. 백주또는 나무 아래에 점심을 놓고 길마로 덮은 뒤 집으로 돌아갔다.

소천국이 부지런히 밭을 갈고 있노라니 때마침 지나가던 태산절 중이 다가와 점심 먹다 남은 것이 있으면 조금만 달라고 했다. 소천국은 부인이 점심을 넉넉하게 싸 왔으니 조금 줘도 괜찮겠거니 생각했다. 그래서 태산절 중에게 나무 밑 소 길마를 들어보면 점심이 있으니 조금만 먹고 가라고 했다.

그러자 태산절 중은 좋다구나 하면서 소 길마를 던져두고 점심밥을 먹기 시작했다. 그런데 정신없이 먹다 보니 어느 새 밥도 국도 다 바닥이 드러났다. 겁이 바락 난 태산절 중은 밭 가느라 정신없는 소천국을 슬쩍 쳐다보고는 재빨리 도망쳐 버렸다.

한참 밭을 갈던 소천국은 시장하여 점심을 먹으려고 나무 밑으로 갔다. 그런데 소 길마는 저쪽에 팽개쳐져 있고 밥 아홉 동이 국 아홉 동이는 간 곳 없이 빈 그릇만 이리 저리 나뒹굴고 있었다.

소천국이 제일 힘들어 하는 것은 배고픈 걸 참는 거였다. 주린 배를 움켜쥐고 이리 저리 둘러보던 소천국에게 밭 갈던 소가 눈에 들어왔다. 소천국은 소를 주먹으로 때려잡아 쇠갈퀴 같은 손톱으로 쇠가죽을 벗겨냈다. 그러고는 망개나무로 불을 살라 구어가면서 이게 익었는가 한 점, 저게 익었는가 한 점

먹다 보니 어느 새 뼈다귀만 남았다.

소 한 마리를 다 먹었는데도 배는 여전히 고팠다. 어디 더 먹을 만한 게 없나 하고 주위를 둘러보는데 옆에 있는 억새풀밭에 까만 암소 한 마리가 한가로이 풀을 뜯고 있었다. 까만 암소를 잡아다 때려잡아 마저 먹으니 이제야 배가 부른 듯했다.

소천국이 다시 밭을 갈려 하는데 쟁기질 할 소가 없었다. 잠시 고민하던 소천국은 문득 부른 배를 내려다보았다. 불룩 솟아나온 배때기로 쟁기 삼아 갈면 되겠다는 생각이 떠올랐다. 그래서 배때기를 쟁기 삼아 밭을 갈기 시작했는데, 소천국이 한 번 기어갈 때마다 흙이 양 옆으로 갈라지면서 넓은 고랑이 생겼다.

백주또가 빈 그릇을 가져가려고 밭에 갔더니 밭담 위에 소머리도 두 개, 쇠가죽도 두 개 걸쳐져 있었다. 이게 무슨 일인가 해서 봤더니 남편이 배때기로 밭을 갈고 있었다. 소는 어디 두고 배때기로 밭을 갈고 있느냐고 물어보니, 소천국은 자초지종을 설명했다.

백주또는 어찌하여 소머리도 둘이고 소가죽도 둘이냐고 물었고, 소천국은 한 마리 잡아먹었는데도 간에 기별도 안 가 마침 억새밭에 까만 암소 한 마리 있기에 같이 잡아먹었노라고 대답했다.

백주또가 벌컥 화를 냈다. 우리 소 잡아먹는 거야 할 수 없는 일이지만 남의 소까지 잡아먹는 게 말이 되느냐는 것이다. 그리하여 백주또는 소도둑놈이랑 같이 살 수 없으니 땅 가르고 물 갈라 살림을 분산하자고 했다. 이혼을 선언한 것이다.

결국 부인과 갈라선 소천국은 알송당 고부니모르로 내려갔다. 배운 것이 총질 사농질(사냥)이라 길이 바른 마세총을 둘러메고 산천에 올라가서 노루

　　　　　　　　　　　2부 한라산의 신들

사슴에 멧돼지를 잡으면서 정동갈의 딸을 첩으로 삼아 고기를 삶아 먹으며 살았다.(이후 생략)

신화 속의 소천국은 한라산신이자 사냥신이다. 그런데 산신으로서의 존재감이 형편없다. 배고프다고 자기 소든 남의 소든 닥치는 대로 잡아먹는 모습하며, 배고픔을 해결하고는 막상 밭을 갈려 하자 소가 없다고 불룩 나온 배때기로 쟁기질하는 꼴이 우스꽝스럽기 그지없다. 이는 분명 소천국의 한심한 모습 그러니까 철없는 남자들의 한심한 모습을 비아냥거리며 웃음거리로 삼고자 하는 구술자의 의도가 다분히 담겼으리라.

소천국은 소 한 마리를 통으로 먹어도 양이 차지 않는 대식가이다. 이렇게 엄청난 식성은 그가 평범하지 않은 존재라는 걸 웅변하지만 또한 새로운 시대에 적응하지 못하는 원인이 되고 있다. 엄청난 양을 먹어치우는 식성은 집단 생활을 어렵게 하는 요인이 되니 말이다. 그 많은 양의 식량을 어떻게 댈 수 있겠는가. 그러니 식사량을 줄이든지 아니면 혼자 떨어져 나가 사냥하면서 저 혼자 양껏 먹는 것으로 만족하든지 둘 중의 하나를 선택해야 하는 상황에 직면한 것이다.

더구나 자기네 소를 잡아먹는 것만으로 부족해서 남의 소까지 잡아먹는 것은 사유재산이 인정되기 시작한 농경시대에 받아들여지기 어려운 행위이다. 급기야 부인에게서 땅 가르고 물 갈라 살림을 분산하자는 이혼 요구를 받게 되었고, 소천국은 사냥해서 먹고 사는 이전의 삶으로 되돌아갔다.

소천국에 관한 신화는 농경시대로 접어들고, 정착 생활을 하는 공동체가 형성되면서 수렵 이동 생활을 하는 세력은 점차 역사의 뒤안길로 사라지게 되었던 역사를 반영하고 있다. 한동안 반농·반수렵 생활이 이어졌지만, 점차 사냥을 하여 생계를 유지하는 세력은 자취를 감추게 되었다. 소천국은 이러한 시대를 대변하고 있는 사냥신이다. 그러니까 소천국은 농업 정착시대에 적응하지 못하고 물러난 산신이라 할 수 있 겠다.

백주또의 고단함과 무책임한 소천국

제주 여성의 주체성과 강인함을 얘기하면서 많이 거론되는 신들이 있다. 대표적으로 세경본풀이의 매력적인 주인공 자청비와 송당본풀이 의 백주또이다. 신화학자 이수자는 「제주신화속의 여성신들 그 특징과 의미」란 논문에서 백주또에 대하여 다음과 같이 말하고 있다.

"어떤 여자가 있어, 남편의 자식들이 많고 또한 남편의 아이를 임신 한 몸으로, 남편이 남의 소를 잡아먹었다고 하여 살림을 분산하자고 할 수 있을까? 그러나 백주할망(백주또)은 이렇게 하고 있다. 당본풀이가 제주 지역의 역사나 문화를 반영하는 것이라 한다면, 이것은 제주 여성 들이 지니고 있는 바의 정직함, 강직함, 단호함, 우직함, 그리고 도덕성 과 윤리성을 반영하고 있다고 볼 수 있다. 그리고 이 내용은 그 위에 제 주 여성의 독립심과 강인함까지 포함하고 있다."

제주 여성의 강인하고 주체적인 모습은 타고난 것이 아니라 환경에 의해 그렇게 만들어진 것이다. 제주는 예로부터 고기잡이나 부역 등으로 목숨을 잃는 남자들이 많은 탓에 여자들이 밭일, 물질 등 노동을 감당해야 먹고 살 수 있었다. 남자들이 제 구실을 못하니 여자들은 아이들 키우는 일에서 경제 활동까지 도맡아야 했고, 그렇게 하려면 강해지지 않을 수 없었던 것이다.

사실 나는 신화 속의 소천국을 보면서 주변에서 흔히 보았던 무책임한 가장들을 떠올렸다. 비록 쫓겨났다고는 하지만 속 편하게 혼자 나가 살면서 사냥으로 자기의 끼니만 해결하면 되니 한량이 따로 없다. 하지만 아들 열여덟, 딸 스물여덟을 혼자 키워야 했을 백주또의 고단함은 오죽하겠는가. 남편과 살림을 가른 백주또가 고사리를 꺾고 나무 열매를 따 먹으며 살았다는 구술 자료도 있었다. 고사리와 나무 열매를 거론하지 않더라도 백주또의 고단한 삶을 충분히 상상할 수 있는 것이다.

실제로 가장의 도움을 받지 못하고 혼자 억척스럽게 자식을 키워야 했던 제주 여인들이 많았다. 도움을 주지 않는 걸 넘어서 노름이니 폭행이니 하면서 아등바등 살아가는 여인들의 등골을 빼먹었던 남자들도 적지 않았다. 오죽하면 민요 속에, '한 푼 두 푼 모아진 돈도 낭군님 술값에 다 들어간다.'는 대목까지 있을까.

신화는 공동체의 역사를 반영하면서 또한 신앙민 한 사람 한 사람의 삶을 담고 있다. 백주또의 신화를 읽으며 평생 허리 한 번 제대로 못 펴고 고달프게 살았던 우리 어머니를 떠올린 이유이다. 어머니는 육남매를 키우느라 고생 고생하셨고, 고생한 만큼 돌아가실 때도 험하게 병치레를 하셨다.

집안의 가장인 아버지는 내가 어렸을 때 상관과 다툰 일로 시청 공무원 자리를 내던지고 토목 공사 사업을 시작했다. 그런데 어떻게 된 일이 큰 공사가 끝나면 집이 넘어가고 작은 공사가 끝나면 빚이 더덕더덕 붙었다. 그래서 빚으로 집이 넘어가고 셋방살이로 나앉았던 기억이 한두 번이 아니다. 가장이 가정경제를 책임지지 못하니 어머니가 생계 전선에 뛰어들어야 했다. 억척같이 장사를 했고 나름대로 수완이 있어 돈도 많이 벌었지만 워낙 딸린 식구가 많아 밑 빠진 독에 물 붓기로 늘 쪼들렸다.

아버지는 젊어서 큰 도로나 다리 공사 같은 걸 하청 받았지만 점차 동네 골목길 포장공사나 따낼 수 있을 정도로 사업이 기울어졌다. 마침 우리가 살고 있는 동네의 골목길 공사를 하게 되었는데, 그때 나는 왜 아버지가 공사를 해도 남는 게 없었는지 비로소 알게 되었다. 어머니는 장사를 끝내고 돌아와서 우리를 데리고 가 잡역부 일을 거들었는데 그때 아버지가 툭하면 일꾼들에게 맡겨두고 술 한 잔 기울이러 공사판에서 사라지곤 했던 것이다.

어머니는 이런 아버지를 대신해 잡역부 일을 손수 하면서 어떻게든 손해 보지 않게 하려고 아등바등 애쓰셨다. 이런 어머니의 모습을 보면서 나는 결혼을 일찍 해봐야 고생이니 최대한 늦게 하겠다고 마음먹었었다. 내 바로 밑 여동생도 아버지처럼 흐지부지 일처리 하는 남자와는 절대로 결혼을 하지 않겠다고 말하곤 했다. 세상 일이 마음먹은 대로 되는 것은 아니지만 나는 내가 생각했던 것보다도 더 늦게 결혼을 했고, 여동생도 일처리만큼은 똑 부러진 배우자를 만났다.

역사의 뒤안길로 사라진 소천국

◇ ◆ ◇

어쨌거나 저 혼자 먹고 사는 모습밖에 보여주지 못한 소천국이 밀려 나는 것은 당연한 수순이다. 게다가 소천국이 밀려나는 모습 또한 체신머리없다. 궤네깃당본풀이의 끝 부분에 나타난 소천국의 최후 를 보자.

죽으라고 바다에 내버렸던 아들 궤네기또가 군사들을 이끌고 돌아오자 천 둥번개가 치듯 온 섬이 들썩들썩하였다. 그래서 백주또와 소천국은 무슨 일 이냐고 하녀에게 물었고, '세 살 때에 죽으라고 무쇠석갑에 넣고 바다에 띄운 아드님이 아버지 나라를 치려고 들어온다.'는 대답을 들었다. 소천국은 그 사 이에 무쇠석갑이 다 녹아 없어졌을 텐데 살아오기 만무하다고 믿지 않지만 군 사들을 이끌고 들어오는 아들을 보고는 겁이 버럭 났다. 그래서 무서워 도망 치다가 고꾸라져 숨이 끊어지고 말았다. 소천국은 죽어 알송당 고부니모르로 가서 좌정했다.
백주또도 겁이 나서 공작머리 짊어지고(긴 머리 늘어뜨리고) 도망가다가 당오름 아래서 숨이 끊어졌다. 백주또는 죽어 당오름 아래 좌정하였는데 송당의 당신이 되어서 정월 열사흗날에 대제일을 받게 되었다.

사실 이 장면을 읽으며 두 신의 최후가 우스꽝스럽기도 하고 안타깝 기도 하였다. 비록 자식을 버리긴 하였으나 그 아들을 무서워하면서 도 망가다가 고꾸라져 숨이 끊어진다는 것이다. 이렇게 쉽게? 아들이 나름대로 성공하여 자기 딴에는 부모에게 의기양양하게 돌아온 것인데 이를 곡해해서 도망하다 죽었으니 그 아들은 또 얼마나 마음 아플까 하는 생각이 들었다.

신당 답사에 참여하기 위해 서울에서 내려온 한 동화 작가도 이 장면이 인상적이었다고 얘기했다. 그분은 백주또와 소천국이 도망하는 장면을 읽으면서, '얼마나 자식에게 미안했으면 그리 도망할까' 생각했단다.

이 장면에 대해 잘 정리한 신화학자가 있다. 『살아 있는 한국신화』를 쓴 신동흔은 그 의미를 이렇게 풀이했다.

"아들이 돌아오자 소천국과 백주또가 물러나 죽는 것은 신화적 상징의 면에서 앞뒤 맥락이 맞는 설정이라 할 수 있다. 그들이 본래 살던 곳을 떠나 죽음을 맞는 것은 지난 세상이 종말을 고하고 새로운 세상이 시작됨을 알리는 상징으로 읽을 수 있다."

이제 사냥으로 먹고 살던 시대는 저물었으니 사냥신인 소천국을 모시던 신앙민도 점차 사라졌다. 소천국당이 사람들의 발길이 끊어져 폐당이 된 이유이다. 하지만 사람의 운명을 알 수 없듯이 신들의 운명도 알 수 없다. 잊혔던 소천국당이 마을 청년들에 의해서 다시 정비된 것이다.

백주또를 모시는 송당본향당은 '제주특별자치도 민속 문화재 제9-1호'로, 매년 음력 정월 열사흘에 열리는 마을당굿 '신년과세제'는 무형문화제로 지정되었다. 송당의 신년과세제는 제주도에서 가장 크게 열리는 마을제이다. 또한 맥이 끊어졌던 7월 13일 마블림제와 10월 13일 시만곡대제도 다시 열린다고 한다. 이러한 분위기에 힘입어 폐당되었던 소천국당도 다시 정비되기에 이른 것이다.

백주또를 모신 송당본향당.

신화마을 송당과 소천국당 답사

◇ ◆ ◇

2019년 가을, 송당마을의 신당을 답사하면서 이번엔 꼭 소천국당을 찾아보기로 했다. 마침 송당마을에 살고 있는 분께서 사라흘당과 함께 소천국당을 안내해 주기로 했다. 꽤나 연륜 있어 보이는 소형 트럭을 끌고 와 우리를 맞이한 송당 청년은 산길엔 승용차보다 트럭이 더 낫다고 밝게 웃으며 말했다.

우리는 먼저 백주또가 좌정하고 있는 송당본향당으로 가서 간단하게 인사를 드리고, 송당본향당의 신화에 대하여 얘기를 나눈 다음 바로 옆에 있는 당오름에 올랐다. 송당의 당오름은 야트막하여 30분이면 충분히 돌아 나올 수 있다. 비록 나무들이 울창하여 주변 풍경을 전망할 수는 없지만 숲속을 걷는 즐거움을 만끽할 수 있는 오름이기도 하다.

덜컹거리는 트럭 조수석에 앉아 체오름 앞에 위치한 사라흘당에 가면서 넌지시 물어보았다. 제주는 배타적인 면이 강한데 외지인으로서 송당에 정착하기가 힘들지 않았냐고 말이다. 그는 전혀 배타적인 분위기를 느끼지 못했다고 대답했다. 풍물패 활동 등에 활발히 참여하다 보니 마을 사람들과 빨리 가까워진 것 같다고 덧붙여 말했다. 마을 일에 열심히 참여하고 있다는 이 청년을 보면서 역사와 전통의 신화마을 송당이 활발한 공동체를 유지하고 있음을 새삼 깨달았다. 그렇게 할 수 있는 비결은 외지에서 들어오는 사람들을 품을 수 있는 마을 공동체 문화와 그러한 문화를 이해하고 지켜나가는 청년들 때문이 아닐까 생각해 보았다.

송당 청년의 안내로 체오름 앞 아름다운 억새밭을 지나 숲속에 숨겨진 아담하고 예쁜 사라흘당을 답사하고 나서 드디어 소천국당으로 향했다. 다시 비자림로로 나와 송당사거리에서 송당입구 교차로로 차를 타고 이동한 후에 왼쪽의 하천 방향으로 접어들었다. 우리는 새로 놓인 다리 고부니물교 근처에 차를 주차한 후 '고부니므르'라는 야산 기슭으로 걸어갔다. 제주어 '므르'는 등성이나 언덕을 말한다.

사라흘당 가는 당올레가 하얗게 나부끼는 억새밭길이라면 소천국당 당올레는 탁 트인 들녘의 길이었다. 운 좋게도 날씨가 화창하여 소천국

　　　　　　　　2부 한라산의 신들

송당본향당 입구에는 환생꽃을 피우는 동백나무가 울창하다.

당 당올레를 걷는 기분은 상쾌하기 그지없었다. 더구나 청년들이 포크레인으로 길을 곧게 정비해 놓아 걷기가 한결 수월했다. 사방이 산이고 숲이고 들이니 걷는 동안 가슴이 뻥 뚫리면서 남아 있던 스트레스까지 다 날아갔다.

숲 가장자리 길을 걸어가다 문득 앞을 보니 소천국당이 보였는데, 당 입구가 나무로 만든 천연 원형 대문처럼 되어 있었다. 햇살마저 화사하게 내려앉아 밝고 환한 소천국당은 다시 선택받은 성지로서 부족함이 없어 보였다. '와 예쁘다!' 우리들은 이구동성으로 탄성을 올렸다.

소 뿔을 제단에 올린 소천국당

신목인 만년폭낭 팽나무는 불에 타 없어졌다 하고, 둘러싼 절벽이나 수풀도 없이 돌담을 둥그렇게 쳐놓은 것뿐인데 이렇게 아담하고 예쁘고 고즈넉한 당이라니! 번듯한 백주또의 송당본향당과 여러 모로 비교가 되는 소박한 모습이었다. 사냥신이자 대식가인 소천국과는 이미지가 딴판인 당의 모습이지만 그 소박함에 나름대로의 매력이 있었다.

돌아오는 길, 가을 햇살을 등에 담뿍 받으면서 걷는 즐거움을 만끽하다가 문득 정비되고 있는 하천 한가운데 소복이 올라앉은 덤불숲을 발견했다. 멀리서도 확연히 눈에 띄는 팽나무와 그 둘레의 잡목들! 아무리 봐도 저것은 신당이 있는 풍경이었다. 나같이 둔한 사람도 몇 년 신당 답사를 다녀보니 조금 감이 온다고나 할까. 우리는 하천으로 내려서 가까이 가보기로 했다. 접근이 쉽지 않았지만 겨우 잡목을 헤치며 다가가 보니 당 울타리라 할 만한 담장도 보이고 무엇보다도 팽나무에 지전 물색이 걸려 있었다. 신당이 분명한 것이다. 물론 기록에도 나오지 않은 신당이었다.

우리는 신대륙을 발견한 것처럼 탄성을 질렀고 사진을 찍어댔다. 한참을 신당 주변을 탐색하다가 밖으로 나오면서 이곳 하천을 정비하는 사람들의 문화적 안목에 대해 얘기했다. 다른 마을은 자료에 수록된 멀쩡한 신당도 밀어버리며 건물을 짓거나 하는데, 하천을 정비하면서 저 곳을 건드리지 않고 물 흐르는 한가운데 그대로 놔둔 것이다. 역시 신화마을 송당은 뭐가 달라도 다르다고 모두들 칭찬을 아끼지 않았다.

송당 청년은 미리 예약해 둔 식당으로 우리를 안내했다. 붙임성 있는 마을 청년이 미리 부탁해서인지 음식도 친절도 기대 이상이었다. 몇 시

새로 발견한 하천 속의 신당 풍경.

간을 걸어 다니느라 시장하던 차에 음식까지 이렇게 맛이 좋으니 어찌 행복하지 않겠는가. 신당 답사의 참맛이 바로 이것이다. 평소에는 가 볼 일이 없는 마을길과 숲길을 걷고, 그 마을 식당에서 음식을 먹는 즐 거움 말이다.

비와 바람의 신 광양당 하로산또

◇ ◆ ◇

제주는 '바람 많고, 여자 많고, 돌이 많은' 삼다의 섬이다. 무심히 '삼다'를 얘기하지만 그 속을 들여다보면 하나하나가 모두 고단했던 제주의 삶과 연관이 있다.

이 중에서 제주에 처음 발을 들여놓는 사람이 맨 먼저 만나게 되는 것은 무엇일까? 각자의 만남이 다 다르겠지만, 나는 고향 제주로 돌아올 때마다 비릿하면서도 신선한 갯내음을 풍기며 달려드는 '바람'에 반가움이 왈칵 솟곤 했다. 때로 마음의 준비도 되기 전에 느닷없이 불어닥쳐 오소소 떨게 하는 제주의 바람, 이 바람 이야기로 한라산신 하로산또를 만나는 여정을 시작해 본다.

겨울에 제주의 강풍을 만났던 사람은 제주의 바람이 얼마나 매서운지 실감하게 된다. 옷깃으로 파고드는 바람은 살갗을 바늘로 찌르는 것 같은 통증을 느끼게 한다. 물론 지구온난화에 그 기세는 예전만 못하지만 가끔씩 자신의 존재를 깨우치듯 휘몰아치는 게 제주의 바람이다.

바람이 거세니 농작물은 제대로 줄기를 올리지 못하고, 어지간한 열매는 강풍에 여지없이 떨어져 내린다. 요즘처럼 단열 기술이 발달하기 전에 제주 사람들은 집들을 납작하게 엎드린 듯 지은 후에 밧줄로 지붕을 꽁꽁 얽어매야 했다.

특히 바닷바람을 바로 받는 해안가 사람들은 돌로 쌓은 울타리를 바짝 올리며 바람을 피했다. 이웃끼리 돌담과 돌담이 어깨를 맞대고, 돌담과 돌담 사이가 골목길이 되면서 구불구불 이어져 서로 바람막이가 되도록 했다. 그래서 바닷가 마을에는 돌담 사이 좁은 골목길이 미로처럼 이어지곤 하는데, 이 골목에 잘못 차를 운전하고 들어갔다가 수렁에 빠진 것처럼 빠져나오기까지 진땀을 흘려야 했던 적도 여러 번이다.

내 동생은 한때 중산간 지역에서 대규모로 콩 농사를 지었는데, 한 해는 태풍에 작살나고, 한 해는 폭우에 절단이 나고 하면서 한 번도 농사에 성공하지 못해 형제들을 덩달아 노심초사하게 했다. 바람의 섬 제주에서 농사짓는 삶이 녹록지 않다는 것을 그때 실감했다. 여담이지만 요즘에는 동생이 풍력 전기 생산으로 사업 방향을 바꿔서 다행히 바람 덕에 먹고 살고 있다.

제주의 바람은 어떻게 일어나는가. 기상학적으로야 이런저런 설명을 할 수 있겠지만 우리 조상들은 한라산신이 바람을 불러일으킨다고 생각했다. 무지막지한 바람이 휘몰아치고 비가 쏟아지면 사람들은 한라산신이 노여워한다고 생각해서 전전긍긍했다. 이렇게 바람과 폭우로 노여움을 폭발시키는 대표적인 신이 바로 광양당신이다. 소천국의 넷

한라산을 바라보며 서 있는 팽나무 가지가 거센 바람에 한껏 뒤틀렸다.
제주도 주변 여러 섬 중에서 특히 풍광이 빼어난 차귀도.

째 아들이기도 하다.

광양당신이 분노하여 광풍을 일으키는 이야기가 있다. 바로 차귀도의 매바위 전설이다. 고려 때 송나라 황제는 제주가 천자가 날 땅이라는 걸 알고 고종달을 시켜서 산혈과 물혈을 끊어버리게 했다. 섬 전체에 단혈 행각을 벌이고 돌아가던 고종달이 차귀도 앞바다에 이르렀을 때였다. 갑자기 강풍이 휘몰아치면서 배가 뒤집어졌고, 고종달은 물에 빠져 죽고 말았다.

"제주의 단혈을 마친 고종달이 유유히 돌아가기 위해 차귀도 앞바다에 이르렀을 때였다. 한라산 신령인 광양당신이 매로 변해 그의 배 위로 날아드니 갑자기 폭풍이 일어났고, 고종달은 물에 빠져 죽고 말았다. 이로 인해 매바위가 있는 섬은 고종달이 되돌아가지 못했다는 뜻의 차귀(遮歸)라는 이름을 얻게 되었다고 한다."(한진오, 『모든 것의 처음, 신화』)

광양당신은 한라산 산신이며 비와 바람의 신이다. 신의 계보로 보면 송당계 신에 해당한다. 백주또와 소천국의 넷째 아들로 제주시 광양 지역에 좌정하여 제주 성안 사람들의 섬김을 받았다. 탐라국 시대부터 이어져 내려온 '광양당제'가 그것이다.

하지만 18세기 초 이형상 목사가 유교 문화를 정착시키기 위하여 신당 129개소를 소각해 버릴 때 광양당이 파괴되어 사라졌고, 이 때문인지 광양당신에 대한 신화도 잘 알려지지 않았다. 진성기의 『제주도무가본풀이사전』에 광양당 본풀이가 몇 개 채록되어 있는데, 그중에 서사를 갖춘 본풀이가 하나 있어서 이를 바탕으로 정리해 보았다. 송당본풀이나 궤네깃당본풀이와 내용이 겹치기도 했지만 나름대로의 독특한 면도 없지 않았다.

　광양당신은 송당 백주또와 소천국의 넷째 아들이다. 아들이 어려서 장난이 심하고 버릇이 없어 부모를 노엽게 하였다. 그래서 부모님이 이 아들을 말 잔등에 묶고 난 후 말허리를 걷어차 쫓아내 버렸다. 놀란 말이 겅중겅중 뛰더니 한라산 상상봉 봉오리로 뛰어 올랐다. 상상봉에 오르는 동안 어찌나 말이 날뛰었는지 넷째 아들은 이리 긁히고 저리 긁히고 말이 아니었다.

　화가 난 넷째 아들은 채찍으로 말허리를 내리쳤다. 그러자 말이 더욱 놀라서 이번엔 바다 쪽으로 방향을 틀어 내달리는데, 제주 앞 바다 관탈섬에 뛰어내릴 때 넷째 아들은 그만 바닷물 속으로 풍덩 떨어져 버렸다.

　그때 용왕이 언뜻 잠이 들어 청룡황룡이 용궁 위로 얽어지는 꿈을 꾸었다. 잠에서 깬 용왕은 큰딸을 불러 아무래도 이상하니 밖에 나가보라고 하였다. 나갔다 들어온 큰딸은 하늘에 별만 송송하니 아무것도 없었다고 했다. 둘째 딸도 마찬가지였다. 그런데 밖에 나가본 셋째 딸은 산호수 상가지에 어떤 도령이 걸려 있었다고 했다.

　이에 용왕은 큰딸에게 도령을 내려오게 하라고 시켰다. 그래서 큰딸이 나가 도령을 내리려고 내도 내릴 수가 없었다. 둘째 딸도 마찬가지여서 마지막으로 셋째 딸을 내보냈다. 셋째 딸이 용궁 밖 산호수 아래로 나갔는데 상가지에 걸려 있던 도령이 절로 앞에 내려섰다.

　용왕은 도령에게 어디에서 왔으며 어디로 가는 길이냐고 물었다. 이에 도령이 대답하기를, 자신은 제주 땅에 살고 있는데 외나라에 난이 일어났다 하여 이를 막으러 가는 길이라고 대답하였다. 용왕은 꿈에 본 청룡과 황룡을 생각하며 아무래도 도령이 예사롭지 않다고 여기고는 막내딸의 사위로 삼았다.

도령이 용궁에서 사위 대접을 받으며 사는데 하는 일 없이 얻어먹기만 하니 머리가 벗겨지는 듯하였다. 그리하여 용궁에 이별을 고하고 밖으로 나온 넷째 아들은 서천서역국 절당에서 연 삼 년 공부하고 다시 제주로 돌아와 아버지에게로 갔다.

소천국은 아들에게 '너는 큰 데 가서 공부를 잘하고 돌아왔으니 전국을 차지하라.'고 하였다. 넷째 아들은 광양당을 차지하고 제주 성안 사람들의 대접을 받게 되었다. 광양당은 센 당이어서 제주목사가 부임을 하여도 먼저 가서 신고를 하고 제를 올려야 했다. 사람들이 정성을 제대로 올리지 않으면 광양당신은 분노하여 비와 바람을 일으켰다.

본풀이에 나와 있는 것처럼 광양당신은 비와 바람을 일으키는 신이다. 앞에 소개한 차귀도 전설에서와 같이 화가 나면 강풍을 일으켜 배를 뒤집어 버리는 무서운 신이기도 하다. 어쩌면 제주 사람들은 광양당신을 통해서 제주를 침범하는 세력에 대한 분노를 표출하지 않았을까 생각해 본다. 이렇게 광양당신의 활약을 통해 민심을 엿볼 수 있는 신화가 하나 더 있다. 광양당신의 형제신이기도 한 광정당신의 본풀이가 그것인데, 여기에서도 주인공은 광양당신이라 할 만하다. 다음은 현용준의 『제주도무속자료사전』에 수록된 광정당본풀이를 정리한 것이다.

큰형님은 제주시 광양당신이고, 둘째는 정의 서낭당신, 막내는 대정 광정당신이다. 세 형제가 활을 쏘아 차지할 땅을 가르는데, 큰형님이 활을 쏘니 정의·대정 사이에 떨어져 경계를 가르고, 둘째가 쏜 화살은 제주·정의 경계를 가르고, 막내가 쏜 화살은 제주·대정 경계를 갈랐다. 그래서 큰형님은 광양당에 좌정하고, 둘째는 서낭당에 좌정하고, 막내는 광정당에 좌정하였다.

고성리 항파두리에 김통정이 들어와 토성을 쌓고, 집집마다 세금으로 재 닷 되와 빗자루 하나씩 거두었다. 김통정은 장수들이 자신을 잡으러 몰려오는 걸 막기 위해 매일 토성 위에 재를 뿌리고 말 꼬리에 빗자루를 매달아 채찍을 내리쳤다. 말이 토성 위를 달리자 재가 날아올라 세상이 왁왁하니 천지분간이 어려워졌다.

이에 광양당신과 서낭당신, 광정당신 삼 형제가 제주를 어지럽히는 김통정을 잡으러 갔다. 세 신이 자신을 잡으러 오는 걸 안 김통정은 무쇠방석을 바다에 던지고는 그 위에 날아가서 앉았다. 이를 보고 있던 사해(四海)용왕이 무쇠방석을 잡아 당겼다. 무쇠방석이 물에 가라앉자 김통정은 매가 되어 달아났다.

광양당신과 서낭당신, 광정당신 삼형제도 새와 모기가 되어 김통정을 쫓아갔다. 머리 위에서 새가 파닥거리고 모기가 앵앵거리니 김통정이 뭔가 하고 고개를 들었다. 그 순간 김통정의 목에 덮였던 비늘이 들리면서 틈이 생겨났다. 칼로 찔러도 들어가지 않던 비늘이었다. 이를 놓치지 않고 새가 되어 날아간 광양당신이 칼로 비늘 틈을 찔렀고, 마침내 김통정은 피를 뿌리며 숨이 끊어졌다.

김통정은 고려 말 원나라의 지배에 반대하여 삼별초를 이끌고 제주로 내려온 실존 인물이다. 박정희 군사정권은 김통정이 제주 도민들을 동원해 쌓은 애월읍 고성리 항파두리 토성을 대대적으로 정비하고 성역화하였다. 하지만 제주 사람들에게는 김통정이나 이를 토벌하기 위해 내려온 여몽연합군이나 외부 세력으로 이중삼중의 고초를 겪게 한다는 점에서 같은 존재들이었다. 그래서 김통정을 영웅으로 그리면서도 그를 잡아 죽이는 서사를 전설이나 신화로 전하고 있는 것이다.

이러한 김통정 전설에 광양당신을 등장시켜서 김통정을 처단하게 하고 있다. 광양당신이 제주와 한라산을 대표하는 신으로 외부 세력을 무찌르고 제주 사람들을 지켜주는 역할을 하고 있는 셈이다. 다시 말하면 광양당신은 비와 바람을 일으키는 무서운 신이면서도 제주 사람들을 지켜주는 수호신이기도 한 것이다.

파괴된 광양당과 삼성신화

◇ ◆ ◇

광양당제는 차귀당제와 함께 탐라국 시대부터 이어져 온 당굿이었다고 한다. 국가에서 도민의 무속적인 산신 신앙을 흡수하기 위하여 지방관으로 하여금 제를 지내게 했다. 하지만 제주 도민들은 국가의 시책과 관계없이 광양당신을 본향당신으로 받들면서 풍농과 풍어를 기원하였다. 본향당신은 마을의 수호신으로 마을과 관련한 모든 일을 관장하기 때문이다.

이형상 목사는 유교적 제의를 장려하면서 광양당을 파괴하고 더 이상 무속의 제를 올리지 못하도록 금지하였다. 이렇게 중앙에서 내려온 목사가 신당을 불태우고 당굿을 금지했음에도 제주 사람들은 태풍이 불어 농사를 망치거나 하면 신을 제대로 섬기지 않아 광양당신이 노했다고 생각하며 몰래 제사를 지냈다. 『우암선생문집』에 이와 관련한 글이 있다.

"섬의 풍속은 삼성개국 이래로 오로지 귀신을 숭상하였다. 제주성 남쪽 광
양당을 조종으로 삼고, 삼읍 대소 촌락에 각각 신당이 있어 매년 세시 제일마
다 징과 북을 울리고, (……) 지극한 정성으로 굿을 하여 신을 놀린다. 때문에
태풍과 고기잡이와 재난이 없었고, 도민은 모두 부자의 넉넉함이 있었다.
이형상 목사가 광양당을 불태운 뒤부터 지금까지 10년 동안에 홍수·가뭄·
태풍·냉해 등 재난이 없는 해가 없었고, 작년에는 특히 심했다. 대흘리에 영
험한 여자 심방(女巫)이 있어 천신과 더불어 놀고, 잡귀와 문답하니, 그녀의
명을 즉각 듣지 아니하는 자가 없었다. 광양당 당신이 그녀의 몸에 빙의하여
이르기를, "금년 나에게 제사하지 않으면 큰 비를 내리게 하거나 바람을 일으
켜 도민을 모두 섬멸할 것이다."라 하였다.

—문무병, 『제주도 본향당 신앙과 본풀이』에서 재인용

외부 세력에 의해 파괴되고 자신의 존재마저 부정당한 한라산신! 이
제 아무도 제를 올리지 않으니, 비바람으로 자신의 존재를 드러내며 제
사를 하지 않으면 모두 섬멸해 버릴 것이라고 위협하고 있는 신의 분노
가 무섭기보다는 되레 처연하게 느껴진다. 이러한 광양당신의 분노는
곧 제주 사람들의 분노가 아닐까. 자신들의 신앙과 공동체 문화를 탄압
하는 외부 세력에 대한 분노를 광양당신의 서사를 통해 드러내고 있는
것이다.
광양당은 이형상 목사에 의해 파괴된 후 이제는 그 흔적조차 남아 있
지 않다. 이에 대해 민속학자 문무병은 『탐라지』의 "광양당은 삼을라

(탐라국 시조) 신을 모신다."는 기록을 근거로 현재 삼성혈 사적지가 광양당이었다고 주장하고 있다. 그러니까 현재 한반도에서 가장 오랜 유적으로 국가지정문화재이기도 한 삼성혈은 탐라건국신화의 유적지인 동시에 광양당신이 좌정하는 신당이었다는 것이다.

현용준도 탐라왕국의 건국신화인 삼성신화를 분석하면서 이와 관련한 이야기를 하였다. 삼성신화의 여러 화소가 제주 토착신의 당본풀이와 유사하다고 하면서 삼성신화는 당신화와 같은 유형임을 밝히고 있다. 삼성신화의 주요 화소인 세 신인이 땅에서 솟아났다는 것, 배우자인 세 공주가 함에 담겨 바다를 건너왔다는 것, 그리고 활을 쏘아 살 곳을 정하였다는 것 모두 당신화의 주요 화소라는 것이다.

이러한 주장에 공감하는 이유는, 백성들이 본향당신을 모셨던 광양당이 탐라왕국의 시조신을 모신 사적지로 발전했을 것이라 생각하기 때문이다. 삼성혈 사적지가 광양당이었든 아니었든, 광양 지역을 생각하면 삼성혈이 떠오르고, 삼성혈을 생각하면 광양당이 떠오를 정도로 나에겐 광양당과 삼성혈의 이미지가 하나로 겹쳐진다.

삼성혈 사적지와 성숲

◇ ◆ ◇

어린 시절 제주에서 우리들이 접할 수 있는 문화유적지는 많지 않았다. 삼성혈과 산천단, 그리고 항파두리 항몽유적지가 전부였다. 이 중에서 그래도 사는 곳 가까이에 있다고 몇 번이라도 더 다녀본 곳이 바로 삼성혈이다. 그때마다 어린 나에게도 평범하지 않은, 뭔가 신령스러운 분위기가 느껴졌다. 그 이후 몇 십 년이 지나 다시 삼성혈을 찾았는데, 어렸을 때 느꼈던 신성한 분위기가 여전히 유지되어 있어 놀랐다.

무엇보다도 삼성혈을 둘러싼 숲이 기대 이상으로 울창하고 깊었다. 탐라를 세운 세 신인이 솟아난 곳이라는 삼성혈 사적지, 제주 사람들이 광양당신을 모시던 성숲이 여전히 성스럽고 숭고한 분위기를 간직하고 있으니 어찌 반갑고 고맙지 않으랴.

광양 지역은 크고 작은 건물들로 매우 번잡한 구도심지이다. 빽빽한 건물과 큰 도로의 차량 행렬, 그리고 좁은 골목의 주차 차량으로 인한 복잡함이 여느 도심지와 다르지 않다. 이렇게 시끄럽고 복잡한 도심지에 신선한 산소를 공급하는 숲이 바로 삼성혈 유적지이다.

탐라를 건국한 세 신인이 솟아난 곳 삼성혈이 사적지로 자리매김했지만, 광양당제가 금지되면서 비와 바람의 신인 광양당신의 존재는 사라졌다. 성안 사람들이 당굿을 열어 제사를 올리며 정성을 모았던 시대가 있었나 싶게 관련 기록들도 거의 없다. 이제는 제주 도민보다 관광객들이 더 붐비는 삼성혈 사적지, 그래도 신선한 숲의 공기를 들이마실 수 있는 성숲이 남아 있으니 얼마나 다행인가. 제주의 시초를 담고 있는 유적지로서 제주 신화의 대표적인 화소를 품고 있는 삼성혈 사적지에 먼저 가볼 것을 지인들에게 권하는 이유이다.

세 신인이 솟아나온 세 개의 구멍 삼성혈.
삼성혈을 둘러싸고 있는 숲.

한라산신제를 지내는 산천단

◇ ◆ ◇

서귀포 지역에 있는 신당을 답사하고 돌아오는 날, 작정하고 한라산 기슭에 위치한 산천단에 들렀다. 한라산신제를 올린다는 산천단에 들러 광양당신을 그려보기 위해서였다. 이형상 목사가 광양당제를 금지했지만 사라지지 않고 한라산제로 수용되었다는 기록(박찬식, 『제주민란연구』)을 발견하고 산천단을 찾아보기로 마음먹었다.

산천단 입구에 들어서니 어마어마한 위용을 자랑하는 소나무가 우리를 맞았다. 산천단을 조성할 때 심어놓아 수령 500년이 넘는다는 곰솔들이다. 해송이라고도 불리는 이 소나무들은 천연기념물 16호로 지정되어 있는데, 키가 무려 19미터에서 23미터 정도이며, 우리나라에서 가장 오래된 노목으로 알려져 있다. 하지만 빈 제단을 지키면서 오랜 세월 버티어 오느라 힘겨웠는지 철 기둥에 의지하여 간신히 서 있었다. 세월의 고단함이 고스란히 구부러진 허리에 실려 있어 보기만 해도 버겁게 느껴졌다. 세상풍파를 견뎌 온 연륜은 성스러운 분위기를 자아내고 있으니 절로 두 손 모아 고개를 수그리게 된다.

원래 제주에서는 탐라국 시대부터 해마다 정월에 한라산 백록담까지 올라가 한라산신께 제를 올렸다고 한다. 조선 왕조에 이르기까지 제주 목사가 주관하여 이 제례를 올렸다는 기록이 있다.

그런데 정월이면 겨울 한복판으로 몹시 추운 계절이다. 한라산에는 눈이 쌓여 접근조차 쉽지 않은 시기인 것이다. 게다가 겨울의 한라산은 지극히 위험한 악산이다. 그런 시기에 한라산 백록담까지 재물을 지고 올라가 제사를 올렸다니 얼마나 험난한 여정인가. 지방관이야 말을 타든지 가마를 타든지 하였겠지만 제물을 지고 갔던 백성들의 고초는 이루 말할 수 없었으리라.

실제 제물을 지고 올라가던 사람들이 얼어 죽거나 부상당하기 일쑤였다고 한다. 이에 조선 성종 1년(1470년)에 부임한 이약동 목사가 이러한 상황을 안타까이 여겨 한라산 기슭에 제단을 만들어 백록담까지 올라가지 말고 이곳에서 제사를 지내게 했다. 이 제단이 바로 산천단이다. 이약동 목사는 제주에 부임한 지방관 중 몇 안 되는 청백리로 알려져 있다.

'천년소낭 만년폭낭'이라는 말이 있다. 소나무는 천년을 가고 팽나무는 만년을 간다는 말이다. 제주의 신당에 심어져 있는 신목의 대부분이 팽나무인 이유이다. 그래서 그런지 소나무는 철기둥에 허리를 받치고 간신히 서 있는 모습이었지만 팽나무는 가지를 쭉쭉 하늘을 뻗어 올리며 아직도 창창한 기상을 보여주고 있었다. 그 팽나무의 기백에서 비바람을 일으키는 광양당신을 떠올려보았다.

전통 신앙의 탄압은 백성들의 정신문화에 대한 억압이나 마찬가지이다. 마을 공동체는 한 곳에 모여 당굿을 열며 정신적 결속을 다졌다. 조선시대 위정자들이나 일제 지배자들, 그리고 해방 이후 독재정권이 집요하게 무속 신앙과 당굿을 탄압하고 금지한 이유는 바로 이 공동체 문화를 해체하기 위해서가 아니겠는가. 광양당신은 이러한 탄압에 사라질 위험에 처했지만 이곳 한라산신제에 수용되어 그나마 명맥을 유지하고 있다 하니 다행이라 생각한다.

　　　　　　　　　　　　　　2부 한라산의 신들

산천단 입구에 있는 소나무.
철기둥에 기대어 세월의 무게를 견디고 있는 노송.

동새미하로산또의 마을 정착기

◇ ◆ ◇

백주또와 소천국의 아들들은 성장한 후 제주의 여러 마을로 퍼져 그 마을의 당신(堂神)이 되었다. 소천국의 아들들이 여러 마을의 당신이 되는 과정은 비슷하다. 부모의 품을 떠나 한라산 자락에서 사냥을 하면서 정착할 곳을 찾아 떠돌아다닌다. 그러다가 마을을 형성하기에 좋은 입지를 찾아내면 그곳에 좌정하여 신으로 대접을 받는다. 물론 제주를 떠나 좀 더 넓은 곳으로 진출하고 종횡무진 활약하다 돌아온 아들도 없지 않다.

소천국 아들들에 관한 신화를 정리하다 보니 그들을 대체로 두 부류로 나눌 수 있었다. 요즘 식으로 말하면 뭐든지 잘하는 착한 아들과 버릇없고 제멋대로인 못된 아들이다. 사실 18명의 아들들 중에는 뭐라고 특징지을 수 없는 자식들도 있었다. 오랜 세월 시간이 흐르는 동안 이야기가 유실되거나 아니면 제대로 형성되지 못해서 좌정한 당의 이름 정도만 남아 있기 때문이다. 그래서 이 글에서는 성격이 뚜렷한 자식들만을 이야기의 대상으로 삼았다.

착한 아들들은 '글도 좋고 활도 좋다'고 하고 있으니 공부도 잘하고 무술도 뛰어나 다재다능한 자식들이다. 이에 비해 버릇없는 아들들은 하나같이 부모를 노엽게 하고, 화가 난 부모가 자식을 돌함에 집어넣어 바다에 던져버리는 서사로 이어진다. 도대체 어떤 사연이 있기에? 이에 대한 이야기는 뒤로 넘길 예정이다. 우선 소천국의 착한 아들들을 만나보고 그들이 어떻게 마을에 정착하게 되었는지, 그리고 그들의 정착기가 마을 사람들의 삶과 문화에 어떻게 연결되는지 들여다보려 한다.

글도 잘하고 활도 잘 쏘아 못하는 게 없는데다가 앉아서 천 리를 보고 만 리를 보는 소천국의 아들들은 교래리 도리산신또, 와흘리 고평동 궷드르 산신또, 와흘리 노늘 한거리 하로산또, 동회천 새미하로산또이다. 이들 중 동회천 새미하로산또와 와흘리 노늘 한거리 하로산또를 이야기의 주인공으로 삼았다. 이 두 산신은 소천국의 열두 번째와 열한 번째 아들이며 좌정하고 있는 마을도 서로 이웃해 있다.

신화로 풀어보는 새미마을 이야기

◇ ◆ ◇

내가 사는 도련마을에도 소천국의 아들인 산신이 좌정하고 있다. 바로 열세 번째 아들인 도련드르 산신또이다. 도련드르 산신또가 좌정하고 있는 당팟 개당은 당도 번듯하고, 신목인 팽나무도 만년폭낭으로서 손색이 없다. 바로 앞에 너른 운동장과 4·3 희생자 위령비가 있는 공원이기도 하다. 그런데 아쉽게도 전해지는 당신화가 없다. 그래서 당신화에 관심이 많은 나로서는 새미하로산또가 좌정하고 있는 동회천과 노늘 한거리하로산또가 좌정하고 있는 와흘에 더 자주 걸음하게 된다.

집에 지인이 찾아와 같이 산책을 하게 되면 차로 5분 거리인 동회천 마을로 안내하곤 한다. 동회천마을엔 동새미하로산당과 화천사 오석불, 그리고 화천사 뒤에 있는 곶자왈 새미숲이 있기 때문이다. 걷는 즐거움도 누리고 마을의 풍속과 신앙도 들여다볼 수 있으니 여러 모로 보람 있다. 나의 안내를 받은 지인들은 너나 할 것 없이 즐거워하여 안내하는 나를 뿌듯하게 하였다.

'동새미'는 동회천마을의 옛 이름이다. 원래 샘물이 많이 나서 새미(샘물)마을이라고 했고, 새미마을 동쪽에 있다고 해서 동새미라고 불렀다. 그런데 일제 강점기에 한자로 표기하면서 '회천'이 되었다고 한다. 예쁜 이름들이 한자 표기로 딱딱하고 멋없게 되었으니 안타깝기 그지 없다.

동새미하로산당의 당 신화는 현용준의 『제주도무속자료사전』에 채록되어 있으며, 진성기의 『제주도무가본풀이사전』에도 실려 있다. 두 자료집에 실린 본풀이를 바탕으로 이야기를 정리하다 보니, 새미하로산또가 요즘 쓰는 말로 엄친아라는 생각이 들었다.

새미하로산또는 백주또와 소천국의 열두째 아들로 어려서 천자문, 동몽선습, 명심보감을 통달하였다. 그는 일천 장의 벼룻돌에 삼천 장의 먹을 갈아 글

발을 휘날리며 부모를 기쁘게 하였다. 열두째 아들이 부모 곁을 떠날 때가 되니 어머님께 어디를 가야 할지 여쭈었다.

"너 마음대로 가보라."

알아서 찾아가라는 대답을 듣고 열두째 아들은 오소리가죽으로 만든 감투에 범의 가죽으로 만든 팔찌를 차고 늬눈이반둥갱이를 데려 굴미굴산아야산 노조방산으로 올라갔다.

열두째 아들이 한라산과 오름을 누비며 활을 쏘는데, 한 대를 쏘면 큰 사슴이 쓰러지고 또 한 대를 쏘면 작은 사슴이 넘어갔다. 이렇게 사냥을 하고 다니다가 거친오름 상상봉오리에 앉아 천기지기를 짚었는데 새미(回泉)마을이 사냥감도 넉넉하고 물도 많아 좌정처로 적당하였다. 거기다가 먼저 자리를 차지하고 있는 신도 없었다.

열두째 아들은 너른 들판의 천년 팽나무 아래 앉아 마을 어른들에게 일렀다.

"너의 마을에 임자가 없을 성 싶으니 내가 차지하겠다. 장적 호적 문서를 꾸며드리라."

새미마을 사람들이 열두째 아들을 신으로 받드니 동새미하로산또는 '낳는 날 생산 차지하고 죽는 날 물고 차지한 산신일월조상'이 되었다. 동새미하로산또는 정월 열나흘날 대제일을 받고 칠월 열나흘날 백중제를 받는 본향신이다.

동새미하로산또의 부인은 백주아기씨로 서당국서 솟아난 큰도안전 큰도부인이다. 남선밧(서회천)에 좌정하고 있어 남선밧일뤠중저라 한다. 남선밧일뤠중저는 아기를 돌봐주는 신으로 여러 업저지신(아기를 돌보는 하위신)들을 거느리고 있다. 특히 아기의 피부병을 관장하는 신으로 물비리 당비리(옴), 너벅지시(넓적하게 퍼지는 허물), 홍허물(벌건 허물)을 막아준다.

신화에 의하면, 열두째 아들은 늬눈이반둥갱이를 데리고 사냥하면서 좌정할 곳을 찾아다닌다. 늬눈이반둥갱이는 미간에 흰 점이 두 개 있어 눈이 네 개로 보이기 때문에 이름 붙여진 용맹한 사냥개다. 제주 토종 개라고 하는데 주변에서 볼 수 없어서 인터넷에 검색해 보니 다행히도 늬눈이반둥갱이라는 사진을 볼 수 있었다. 검은 털 바탕에 동그란 흰 털이 미간에 두 개 있으니까 정말 눈이 네 개처럼 보였다. '진돗개'를 검색해도 늬눈이반둥갱이처럼 생긴 개들이 제법 등장한다.

열두째 아들은 새미마을이 사냥감도 풍부하고 물도 많은데다가 무엇보다도 먼저 차지한 신이 없어 좌정처로 정했다. 신화에서는 먼저 차지한 신이 없다는 말로 '공안ᄒ여'라고 표현하고 있다.

제주는 1만 8천 신들의 고향이니 곳곳에 신들이 자리를 차지하고 있다. 그래서 새로 들어와 좌정할 곳을 찾는 신은 먼저 좌정한 신이 있는지 없는지 살펴야 한다. 이미 자리를 차지한 신이 있는데도 들어서려 하면 전쟁을 감수해야 할 수도 있다.

열두째 아들은 마침 새미마을에 자리를 차지한 신이 없어, 그러니까 공석이어서 바로 들어설 수 있었다. 게다가 자손들도 하로산또의 명에 따라 호적 장적 문서를 꾸며 올리며 신으로 받드니 굳이 자신의 존재를 확인시키기 위해 풍운조화를 일으킬 필요도 없었다.

좌정하는데 또 하나 중요하게 고려한 것은 바로 '물'이 있는가 하는 점이다. 열두째 아들은 물이 풍부하여 새미마을을 살기 좋은 곳으로 판단하였다. 마을을 형성하기 위해서는 물이 꼭 필요하기 때문이다. 마을에서 모시는 신은 바로 그 마을의 '설촌 조상'이고, 설촌 조상들은 물이 있는 곳을 중심으로 마을을 형성하였을 것이다. 이러한 서사가 신화 속에 드러난 것이다.

동새미하로산또는 마을의 호적과 장적, 생산과 물고를 차지한 본향신이 되었다. '호적'은 산 사람의 문서이고, '장적'은 죽은 사람의 문서이며 '생산'은 경제 활동이고, '물고'는 사건사고를 말한다. 그러니까 동새미하로산또는 마을의 모든 것을 관장하는 신이 되었다는 말이다. 그리고 마을의 모든 일들을 관장하는 신을 '본향신'이라 한다.

동새미하로산당의 사냥놀이

신화 속에서 동새미하로산또를 '산신일월조상'이라 하고 있다. '산신'은 사냥신 혹은 목축신이었다는 뜻이고, '일월'은 조상신을 나타내는 말이니, 동새미하로산또는 사냥을 하던 조상신인 셈이다. 산신이 조상신이라는 말은 오랜 옛날 새미마을 사람들이 사냥을 하며 살았다는 이야기이기도 하다. 그러니까 새미마을은 수렵 사회부터 사람의 삶이 이어져 온 공간임을 신화를 통해서 추정할 수 있다.

하지만 현재는 사냥신이 아니라 본향신이면서 농경신의 직능을 가지는 것으로 보인다. 새해 음력 정월 열나흘에 마을에서 신년과세제를 여는데, 제단에 고기를 일절 올리지 않기 때문이다. 사냥신으로서의 신격을 중요시한다면 육식 신으로 고기를 대접하고 있을 것이다.

그래도 본래 사냥신이었기 때문에 새해에 신께 세배를 올리는 '신년

동새미하로산당의 신목과 제단. 팽나무는 늦은 봄에야 잎을 틔운다.

과세제' 말미에 사농놀이(산신놀이)를 펼쳤다고 한다. 그러나 현재는 동새미하로산당의 당굿이 이어지지 않아 사농놀이를 볼 수 없다. 다만 예전에 제법 큰 규모의 당굿이 있었고 사농놀이가 행해졌다는 것을 문무병의 『제주도 본향당 신앙과 본풀이』에 게시된 사진 자료를 통해 알 수 있었다.

사농놀이는 몇 년 전에 와산 불돗당의 당굿에서 체험할 수 있었다. 와산에서 보았던 장면과 사진 자료를 통해서 재구성해 본 사농놀이는 이렇다.

먼저는 산신제상을 차리고, 닭 한 마리를 사냥감 노루 대용으로 마련한다. 사냥꾼으로 분장한 소미들이 막대기로 만든 '마사기총'을 들고 근처 밭이며 숲을 돌아다니는데, 한라산 전체를 사냥터로 상정한 행위이다. 둘은 그렇게 사냥하는 흉내를 내다가 노루 대용물인 닭을 서로가 잡았다고 다투면서 제장에 나타난다. 그러면 수심방이 둘을 중재하고 고기를 분배하여 나눠가지자고 한다.

이렇게 서로 다투는 장면을 연출하고 나서 수심방의 중재에 따라 닭을 잡고 더운 피는 산신에게 올린다. 그리고 털이나 창자 찌꺼기들은 '산신군졸' 하위신들의 몫으로 흩뿌리고, 모이주머니를 잘게 나누어 마을 어른 순으로 한 점씩 인정을 받으며 나눠준다. 이때 먹은 고기는 모든 병을 낫게 하고, 모든 액을 막아주는 신의 음식이라 한다. 그리고 인정은 신께 올리는 정성을 말하는 것으로 굿마당에서 인정을 받을 때는 단골들의 사정에 따라 천 원, 오천 원, 혹은 만 원짜리 지폐를 올리곤 한다.

이러한 사농놀이는 수렵 사회의 한 장면을 연출한 것이다. 소미들이 닭(노루 대용물)을 서로 자기가 잡았다고 다투는 것도 실제 사냥과 무관

하지 않다. 사냥할 때 서로 자기가 잡았다고 다투는 경우가 종종 생기지 않았겠는가. 이러한 다툼을 중재하기 위해서 이와 관련한 규칙도 생겨난 모양이다.

고광민의 『제주생활사』에 의하면, 사냥꾼이 사냥한 노루나 사슴을 지고 다니는 걸 본 사람은 누구라도 분배를 요구할 권리가 있었다고 한다. 사냥한 동물을 분해하고 나누어 갖는 일은 '분육'이라고 했다. 사냥꾼들은 사냥물을 분육으로 뺏기지 않으려고 혼자 숨어서 해체하기도 하였다. 일단 사냥감을 분해한 다음에는 분배를 요구할 수 없었기 때문이다.

동새미하로산당으로 가는 당올레

나는 동새미하로산또를 잘생기고 늠름한 산신으로 상상한다. 동새미하로산또가 좌정하고 있는 신당의 신목이 워낙에 멋있고 힘이 넘치기 때문이다. 나의 안내로 처음 동새미하로산당에 온 지인들은 모두 멋있는 신목을 보면서 탄성을 올리곤 했다. 근육이 툭툭 불거져 나온 몸통은 두세 명이 다 같이 팔을 뻗어 이어야 안을 수 있고, 하늘로 뻗어 꿈틀거리는 가지는 몇 년의 세월을 버티어 왔는지 가늠하기 어려울 정도다. 현재 동새미하로산당의 팽나무는 보호수로 지정되어 있다.

당으로 들어가는 올레는 과수원 가장자리 길이기도 하다. 겨울날 과수원 옆으로 걸어가다 보면 노랗게 익어가는 귤들이 가득 달려 있어 괜히 입맛을 다시게 된다. 과수원길이 끝난 즈음 넓게 울타리가 둘러진

닭은 사냥감 노루의 대용물이다.

새미하로산당이 모습을 드러낸다.

　처음 새미하로산당에 갔을 때도 먼저 웅장하게 가지를 뻗고 있는 신목 팽나무에 시선을 빼앗겼고, 그 다음에는 아담하고 예쁜 당 마당과 주변 풍경에 감탄하였다. 한 50여 평 정도 되는 마당에 제단이 3단으로 깔끔하게 정비되어 있고, 당 울타리 뒤쪽에는 대나무들이 병풍처럼 둘러싸 아늑한 분위기를 자아내었다.

　팽나무 옆에 있는 대나무에는 하얀 종이들이 걸려 있는데, 이는 시집온 사람들이 예전 마을에서 섬겼던 신을 같이 모시면서 걸어놓은 것이라 한다. 어머니들은 시집 온 후에도 전에 모셨던 신을 섬기기 위해 친

시집 온 사람들이 친정에서 모셨던 신을 위해 걸어놓은 지전물색.
당 마당에 서서 포근한 겨울 햇살을 받으며 우리의 대화는 끝없이 이어졌다.

정나들이를 하곤 했다. 토산의 여자들은 시집을 가게 되면 딸들의 순결을 지켜주는 뱀신 방울아기씨를 모시고 가서 따로 당을 설립하고 섬겼다. 방울아기씨를 모시는 여드렛당이 서귀포 전역으로 퍼지게 된 이유이다.

그런데 새미하로산당에는 당 한쪽 구석에 지전물색을 걸어놓는 것으로 전에 모셨던 신을 함께 섬길 수 있게 했다. 여러 모로 신앙민들을 편하게 배려한 조치라 여겨진다. 또한 시집 오기 전 모셨던 신들도 잊지 않고 계속해서 섬기는 어머니들의 신앙심이 느껴지는 장면이기도 하다.

백조도령의 와흘 무혈 입성기

동새미하로산또의 바로 위 형님은 와흘의 본향당신이다. 와흘본향당
에 대한 신화도 앞 장에서 소개한 새미하로산당 신화와 거의 유사하다.
이 당에는 소천국의 열한 번째 아들인 백조도령이 좌정하고 있는데, 그
역시 글도 좋고 활도 좋아 문무를 겸비한 영재라 할 수 있다. 더욱이 이
백조도령은 하늘옥황에 올라가 공부를 하고 돌아왔으니 이른바 천상으
로 유학까지 다녀온 셈이다. 그러면 와흘본향당본풀이를 읽으면서 얘
기를 풀어가 보자.

하늘옥황에서 공부를 마친 백조도령은 인간 세상에 내려와 한라영산으로
물장오리로 태역장오리로 민오름 굼부리로 다니며 앉아서 천 리 보고, 서서
만 리를 보았다. 차차 아래로 내려오다 개머리동산에 앉아 내려다보니 노늘

2부 한라산의 신들

(와흘) 동네가 편안하게 누워 있는 형세라 살 만하였다. 좌정할 곳을 찾아 이리 저리 둘러보는데 노늘 한거리 만년폭낭 아래 이미 자리를 차지한 여신이 보였다.

다시 몸을 돌려 기시내오름에 올라가다 현씨 하르방과 마주쳤다. 백조도령은 현씨 하르방에게 팽나무 아래 있는 이가 누구냐고 물어보았다. 현씨 하르방은 '서정승 따님아기'가 좌정하여 호적 장적을 차지하고 있다고 대답했다. 백조도령은 명함을 주면서 중매를 부탁하였다. 이에 현씨 하르방이 명함을 가지고 서정승 따님아기에게 가서 백조도령의 의중을 전했다.

명암을 살펴본 서정승 따님아기는 백조도령에게 가까이 들어와도 된다고 허락하였다. 가까이 들어선 백조도령은 서정승 따님아기에게 정중히 부부가 되어 같이 살자고 청혼하였다. 서정승 따님아기가 청혼을 받아들이니 둘은 부부가 되어 노늘 한거리 만년폭낭 아래 좌정하였다. 그들은 동네 어른들을 불러 일렀다.

"우리는 여기에 좌정할 것이니 정월 열나흘과 칠월 열나흘에 대제일을 마련하라."

이리하여 새해 정월 열나흘날 신년과세제를 올리고, 칠월 열나흘날 마블림제를 지내게 되었다.

이렇게 부부가 되었으니 오순도순 함께 지내며 자손들의 섬김을 받으면 좋으련만 지금 둘은 별거 아닌 별거를 하고 있다. 같은 당 안에 좌정하고 있긴 하지만 이른바 '바람 위와 바람 아래' 따로 떨어져 있는 것이다. 둘은 어찌하여 따로 좌정하게 되었을까.

서정승 따님아기가 임신했을 때의 일이다. 하루는 백조도령이 외출하고 돌아왔는데 서정승 따님아기가 '노린족달, 한족달, 서족달', 즉 고기를 받아먹고 있었다. 백조도령은 부인에게 어찌하여 고기를 먹고 있느냐고 따져 물었다. 이에 서정승 따님아기가 '아이를 낳젠 허민 당연히 고기가 먹고프지 않겠습니까?'라고 대답하였다.

하지만 백조도령은 부인에게 고기를 먹어 부정해졌으니 도저히 한 자리에 같이 있을 수 없다고 선언하고는 바람 아래로 내려앉으라고 했다. 그리하여 서정승 따님아기는 바람 아래로 내려앉았고, 부부는 따로 지내게 되었다.

보통 고기를 먹어 부정한 신은 바람 아래(마파람 부는 쪽)에 좌정하고, 고기를 먹지 않은 깨끗한 신은 바람 위(하늬바람 부는 쪽)에 좌정한다. '바람 위와 바람 아래' 자리는 상징적 의미가 크다. 깨끗한 신이 좌정하는 자리와 부정한 신이 좌정하는 자리이기 때문이다. 그래서 육식금기를 깬 신, 바람 아래 좌정한 신은 서열이 낮은 신이 된다.

부부가 같은 당에 좌정하고 있어도 조금 떨어져 위치를 달리하는 경우가 많은데 대부분 육식금기의 파괴로 인한 것이다. 같은 이유로 백조도령과 서정승 따님아기는 같은 당 안에 있으면서도 좌정하고 있는 자리를 달리하고 있다. 이러한 유형을 민속학자 문무병은 '동당이좌형(同堂異坐型)'이라 명명한다.

앞 장에서 살펴보았던 새미하로산또도 부인과 따로 떨어져 좌정하고 있다. 이 역시 육식금기의 파괴와 관련이 있다. 그런데 이 경우는 부부가 멀리 떨어져 아예 다른 당에 좌정하고 있다. 새미하로산또가 좌정하고 있는 새미하로산당은 동회천에, 부인이 좌정하고 있는 남선밧당은

제단 가운데에 자리한 백조도령. 바로 앞에 3단의 제단이 있어 이곳에 제물을 진설한다.
제단 아래 구석진 자리로 밀려난 서정승 따님아기. 대제일에 따로 작은 상을 받는다.

서회천에 위치하고 있는 것이다. 이렇게 육식금기의 파괴로 인하여 살림이 파탄 나고 '땅 가르고 물 갈라' 이혼까지 하게 되는 경우를 '이당별거형' 혹은 '살림 파탄형'이라 한다. 다만 살림 파탄의 과정을 담은 서사는 동새미하로산당본풀이에 남아 있지 않다.

백조도령과 서정승 따님아기의 별거에 대하여 혹자들은 백조도령이 토착신인 부인을 밀어내고 그 자리를 차지했다고 해석하기도 한다. 이른바 굴러온 돌이 박힌 돌을 뺀 셈이다. 아니 신들을 돌에 비유하는 건 조금 무례한가? 하여간에 상황이 그렇게 되었다.

새로운 신이 좌정하기 위해서는 그곳을 먼저 차지한 신에게 허락을 받거나, 아니면 '공안흔(좌정한 신이 없는)' 곳으로 찾아가야 한다. 그런데 백조도령은 먼저 자리를 차지한 서정승 따님아기와 혼인하여 부부가 되는 방법으로 무난하게 무혈 입성했다. 거기에 그치지 않고 부인이 임신했을 때 고기를 먹었다는 이유로 바람 아래 자리로 밀어내 버리고 본인이 당당하게 본향신이 되었다. 그리하여 떡하니 제단의 중앙 자리를 차지하고 매년 신년과세제와 마블림제를 받는다. 당 이름도 산신인 그의 신격에 따라 하로산당이라 붙여졌다.

열한 번째 아들의 이러한 이력을 보면서 그의 아버지 소천국을 생각하지 않을 수 없다. 아버지 소천국은 사냥 습성을 버리지 못해 어머니인 백주또에게 쫓겨나지 않았는가. 하지만 그 아들은 반대로 부인이 임신 중에 고기를 먹었다는 이유로 바람 아래 자리로 밀어내 버린다. 이는 남성의 발언권이 세지고 있는 시대의 반영이라 여겨지기도 하는데, 처지가 뒤바뀌고 있는 양상에 대해서는 뒤에 다시 거론하게 될 것이다.

어쨌거나 백조도령은 토착신을 밀어내고 주인 자리를 꿰차게 되었

2부 한라산의 신들

다. 이러한 정착의 성공에 그의 변신도 한몫 했다고 생각한다. 그는 원래 아버지처럼 사냥을 하는 산신이다. 그러니까 당굿을 할 때 사냥을 하던 시대를 상징하는 '사농놀이(산신놀이)'를 재연하는 것이다. 하지만 그는 단지 활만 잘 쏘는 것이 아니라 학식도 갖추었다. 하늘옥황에 가서 공부를 하고 왔다지 않은가. 변화 발전한 것이다. 아버지 소천국은 농경사회에 적응하지 못하여 쫓겨났지만 그는 산신이면서 농경신이기도 하고 마을을 지켜주는 본향신이기도 하다.

이렇게 여신이 아래 자리로 밀려났지만, 와흘에서는 여성들이 활발하게 공동체를 이끌어간다는 느낌을 받았다. 『제주여성문화유적』의 와흘리 편을 보니 이런 이야기가 있었다. 와흘의 남자들이 술을 많이 마시고 도박에 빠지는 일이 자꾸 생기자 부녀회에서 악습 추방 운동을 벌이며 어느 가게에서도 술을 팔지 못하도록 했다. 여기에 마을 청년들도 동참하면서 힘이 실렸고 결국 남자들이 술을 끊게 되었다는 것이다. 그리하여 남자들이 열심히 일을 함으로써 와흘에 알부자가 많이 생겼다고 한다.

여성들이 팔을 걷어붙이고 마을에서 술을 팔지 못하도록 강력한 방법을 쓴 일은 1970년대에 벌어졌다. 처음에는 가게의 반발이 없지 않았으나 꾸준히 설득하고 잘 타협하여 협조를 이끌어내었다. 그래서 와흘에 있는 가게에서는 오랫동안 술 종류를 팔지 않는다는 약속을 꾸준히 이행해 왔다고 한다.

신년과세제 등 당굿이 있을 때 남자들이 적극적으로 참여하고 있는 것도 여성들의 주도적인 활동이 바탕에 깔려 있기 때문이 아닐까 생각해 본다. 야무지고 부지런한 여성들의 주체적인 활동과 이에 호응하고 뒷받침해 주는 남자들의 역량이 당굿에서도 드러난다고나 할까.

그러면 요즘도 와흘에 있는 가게는 술을 팔지 않을까? 최근 와흘리 사무소에 전화할 일이 있어서 이 부분을 넌지시 물어보았다. 그러자 리 사무소 직원은 마을에 편의점이 들어오면서 더 이상 강제할 수 없게 되었다고 했다. 중산간 마을까지 진출한 편의점이 오랜 세월 이어온 공동체의 문화를 변화시키고 있는 것이다.

와흘리 본향 한거리 노늘하로산당 풍경

백조도령이 좌정하고 있는 와흘리 본향당을 '본향 한거리 노늘하로 산당'이라고 한다. 우리는 이 당 이름만 가지고도 여러 가지를 짚어낼 수 있다. 우선 '본향'이라고 하고 있으니, 본향신이 좌정하고 있는 당이라는 말이다. 본향신은 마을의 호적, 장적, 생산, 물고를 차지하고 마을 사람들을 지켜주는 마을의 대표신이라 하겠다.

'한거리'는 큰길가를 말하는 것이다. 실제 이 당은 중산간 동로 대로변에 위치하고 있다. '노늘'은 와흘의 옛 지명이다. 그래서 이 당을 노늘당이라고도 줄여 부른다. 또한 하로산당이라고 하고 있으니 산신이 좌정한 당임을 알 수 있다. 한거리 노늘하로산당은 새미하로산당과 같이 '제주도 민속자료 제9호'로 지정된 다섯 개의 신당 중 하나이다.

이 당은 영기가 센 당으로도 알려져 있다. 거기다 큰길가에 자리하고 있으니 당굿이 있을 때나 없을 때나 찾는 사람도 많다. 동회천 새미하

로산당은 길 안으로 깊이 들어가야 만날 수 있는 당이지만 한거리하로
산당은 와흘리 동쪽 중산간 일주도로에 인접해 있어 운전하고 지나가
면서도 바로 알아볼 수 있는 곳이기도 하다.

와흘 한거리하로산당의 답사 기록들을 읽어 보니 예전에는 신목과
울타리 동백나무가 울창하여 곁에서 보기에도 예사롭지 않은 분위기였
나 보았다. 유홍준은 『나의 문화유산답사기7』에서 제주 답사 일번지 중
하나로 '와흘본향당'을 꼽으며 제자들을 데리고 답사했을 때의 인상에
대해 실감나게 표현하고 있다.

신당 안은 팽나무 신목 두 그루가 만든 짙은 그늘 때문에 아주 어둡
고 음습하였고, 고개를 들어보면 팽나무의 구불구불한 여러 줄기들이
하늘을 향해 호소하듯 큰 몸짓으로 용틀임하며 치솟아 있다고 하였
다. 귀기로 범벅이 된 본향당 안의 신령스러움은 거의 소름이 돋을 정
도여서 제자들은 잔뜩 웅크린 채 '해리 포터 무대' 같다느니 '센과 치
히로의 행방불명'의 한 장면 같아 보인다느니 하는 반응을 보였다고
한다.

유홍준은 '귀기로 범벅이 된 본향당 안의 신령스러움은 거의 소름이 돋
을 정도다.'라고 했는데 이제는 예전 같지 않아 그런 분위기를 느낄 수 없
다. 2009년과 2018년에 있었던 두 번의 사건 때문에 짙은 그늘을 드리우
던 신목 팽나무가 쓰러져 생명을 다하고 말았기 때문이다.

2009년에 당 안에서 화재가 발생했다. 육지에서 온 무속인들로 인해
일어난 화재라 한다. 육지 무속인들은 제주에 들어와서 곳곳에 있는 신
당을 찾아다니는데, 찾기 쉽게 큰길가에 있으니 어찌 그들이 드나들지
않겠는가. 이렇게 무단히 들어와서 제를 지내고 초에 불을 켜놓은 채

나가버려 화재가 난 것이다. 불은 신목에 옮겨 붙었고, 나무둥치와 가지 일부를 태워버렸다.

화재가 난 직후 마을에서는 불에 탄 나무를 수술하고 영양제를 공급하면서 겨우 살려내었다. 내가 재작년, 그러니까 2018년 이른 봄 신년과세제 때 본 신목은 이렇게 되살려낸 팽나무였다. 기우뚱하니 구부러진 허리에 시멘트를 붙이고, 철 기둥에 의지하여 겨우 어깨를 세우고 있는 모습이 무척이나 힘겨워 보였다.

그런데 이제는 그런 모습마저 볼 수 없게 되었다. 2018년에 태풍이 강타하여 간신히 버티던 나무를 쓰러뜨렸고 결국 수명을 다하게 된 것이다. 그래서 지금 당 한가운데 있는 신목은 그 이후 새로 심은 어린 나무이다. 어쨌거나 두 번의 사건으로 '구불구불한 줄기가 하늘을 향해 용트림하며 치솟았다는' 신목은 사라지고 말았다. 하늘을 가리던 신목이 사라지니 당 마당은 훤해졌고, 햇살이 쏟아져 내려 음습한 공기를 밀어내 버렸다.

와흘본향당의 신년과세제

◇ ◆ ◇

와흘은 매년 음력 정월 열나흘에 신년과세제를 올린다. 이때는 마을 사람들뿐 아니라 관심 있는 연구자들까지 모여들어 새해 명절을 맞이한 분위기다. 큰심방이 하루 종일 당굿을 주재하고, 마을의 젊은 처자

이제 이 나무도 태풍에 쓰러져 수명을 다했다.

들은 국수 등을 준비해서 사람들을 대접한다. 청년들도 마을길에 나와 교통 통제를 하고 주차를 안내하면서 적극적으로 활동하고 있었는데 그 모습이 건강하고 활기차 보였다. 게다가 날씨까지 도와주어 겨울의 끝자락임에도 대부분 화창했다.

와흘은 집 가까이 있는 동네라서 신년과세제 날이 되면 이웃 마을 잔 칫집에 가는 것처럼 들뜬 기분으로 집을 나서곤 한다. 시간 여유가 있을 때는 오래 눌러앉아 당굿을 구경하고, 바쁠 때는 점심때쯤에 가서 국수 한 그릇만 얻어먹고 오기도 한다.

동새미하로산당도 같은 날에 당제를 올리기 때문에 돌아오다가 들러 보면 마을 여자들만 제물을 마련하여 조용히 제를 지내고 있었다. 너무 조용하여 들어서기도 멋쩍을 정도였다. 올해는 사진이라도 찍어두려고 점심때쯤 동새미하로산당에 먼저 들렀는데, 벌써 제를 끝내고 돌아가 버렸는지 당 안엔 아무도 남아 있지 않았다. 해가 갈수록 점점 당제의 규모가 축소되는 모양새다.

원래 마을 당굿은 남녀 가리지 않고 참석하는 풍습이었는데 조선시대에 유교적 질서를 강요하면서 남자들이 유교식으로 지내는 포제가 생겨났다. 그래서 당굿은 여성들 중심으로 치러지고, 남성들은 따로 포제를 지내는 마을이 많다. 그런데도 송당이나 와흘은 예전부터 이어온 풍습에 따라 남녀 같이 참여하는 당굿을 유지하고 있다. 이 날은 마을 사람들뿐만 아니라 외지인들이나 사진작가들, 그리고 민속학 연구자들까지 모여든다.

하지만 새미마을은 이제 당굿이 사라졌고 남자들은 따로 화천사에서 포제를 올리는 것으로 바뀌었다. 송당이나 와흘과 달리 새미마을의 당

와흘본향당 신년과세제는 온 동네 사람들이 함께하는 축제이다.

굿이 사라진 이유가 여기에 있지 않을까 생각해 본다. 심방을 모시는
데 비용이 많이 든다는 것이 표면적인 이유인 것 같은데, 무엇이든 힘
이 분산되면 약해지지 않겠는가.

바다로 나아간 산신 궤네기또

◇ ◆ ◇

글도 좋고 활도 좋아 문무를 겸비한 백조도령과 새미하로산또는 천기지기를 짚어 와흘과 회천마을을 좌정처로 삼았다. 그리고 본향신이 되어 마을의 모든 일을 관장하며 자손들의 섬김을 받는다. 한편 이런 무난한 코스를 밟지 못하고 바깥세상으로 내쳐지는 소천국의 아들들이 있다. 성산읍 신풍리 개로육서또, 광양당신 하로산또, 제주시 내왓당 당신, 김녕리 궤네기또, 표선읍 토산리 서편한집 바람웃도이다.

부모를 노엽게 하여 쫓겨난 아들들의 행적은 거의 같다. 부모로부터 버림을 받고, 그것을 계기로 낯선 세계에서 우여곡절을 겪으며 견문을 넓힌 후에 다시 제주로 돌아와 마을의 신으로 좌정한다는 것이다.

부모에게 버릇없이 군 죄로 바다로 던져지고 종횡무진 활약하다 돌아온 대표적인 신이 궤네기또이다. 궤네깃당본풀이 속에 궤네기또의 활약상이 생생하게 펼쳐지는데, 이러한 서사는 부모님들의 이야기이기도 한 송당본풀이의 내용과 많은 부분 겹친다.

자, 그러면 한라산 자락에서 태어난 궤네기또가 어떻게 하여 바닷가 마을 김녕에 좌정하게 되었는지 그의 서사를 따라가 보자.

남의 소를 잡아먹은 일로 백주또에게서 쫓겨난 소천국은 해낭골굴왓이라는 굴속에 기거하면서 예전에 하던 대로 다시 사냥을 해서 먹고 산다. 이렇게 속 편한 남편과 달리 백주또는 혼자 많은 자식들을 키우면서 뱃속에 아이까지 임신하고 있었으니 여간 힘든 게 아니었다.

마침내 아들이 태어나고 세 살이 되자 아비를 찾아주려고 소천국을 찾아갔다. 그런데 아버지의 무릎에 앉은 아들이 버릇없이 아버지 삼각수염을 잡아당기고 가슴을 치는 것이 아닌가. 소천국이 얼굴을 찌푸리며 아들을 밀쳐내었다. 그러자 이를 본 백주또도 푸념했다.

"이놈의 자식이 뱃속에 있을 때도 살림을 분산허게 되언게마는 태어나서도 버릇이 고약허다."

소천국과 백주또는 못된 아들을 바다에 던져버리기로 했다. 아들을 무쉐설캅(무쇠상자)에 들여앉혀 놓고 마흔여덟 자물쇠를 채워 바다로 밀어버렸다. 무쉐설캅은 물 위에서 삼 년, 물 아래서 삼 년 파도 따라 홍당망당 떠다니다가 용왕황제국 산호수 가지에 걸렸다.

그날부터 용왕황제국에 이상한 일들이 일어났다. 밤에도 초롱불을 밝힌 것처럼 환하고 낮에는 우렁우렁 글 읽는 소리가 가득했다. 용왕황제가 무슨 일인고 하여 큰딸에게 나가보라고 하였다. 하지만 큰딸은 다녀와서 아무 일도 없다고 대답했다. 둘째 딸도 마찬가지였다. 그래서 마지막으로 셋째 딸을 내

2부 한라산의 신들

바닷가 마을 김녕의 성세기 해변.

보냈더니 산호수 가지에 무쉐설캅이 걸려 있었다고 보고하였다.

용왕은 큰 딸에게 무쉐설캅을 내려오라고 시켰다. 그러나 큰 딸은 내리지 못하고 빈손으로 돌아왔다. 둘째를 시켜도 마찬가지였다. 셋째 딸에게 시켰더니 밖으로 나가 산호수 가지에 올라가서는 무쉐설캅을 겨드랑이에 끼워서 살짝 내려놓았다. 그러고는 꽃당혜 신은 발로 툭툭 차니 무쉐설캅이 저절로 설강 열리면서 옥 같은 도련님이 한 아름 책을 안고 나왔다.

용왕이 도령에게 어디서 온 누구냐고 물었다. 도령이 대답하기를 조선 남방국 제주에서 온 소천국의 아들인데 강남천자국에 난리가 났다하여 평정하러 가는 길이라 하였다. 이 말을 들은 용왕은 도령이 보통 인물이 아니라고 생각하고는 막내 사위로 삼았다.

용왕국에서는 사위를 대접하느라 상다리가 부러지게 음식을 차렸지만 소천국의 아들은 거들떠보지도 않았다. 용왕 황제가 왜 음식을 먹지 않는지 묻자 자신은 소도 전머리(한 마리 통째) 돼지도 전머리 먹는다고 대답하였다.

그날부터 용왕국에서는 소도 잡고 돼지도 잡아 사위 대접을 시작했다. 그렇게 석 달 열흘을 대접하다 보니 동 창고도 비어가고 서 창고도 비어갔다. 사위 먹이다 나라 망하겠다고 생각한 용왕 황제는 무쇠 바가지 하나, 무쇠 방석 하나, 금동 바가지 하나, 상마루에 매어 둔 비루먹은 망아지 한 마리 두루 챙겨 주고는 무쉐설캅에 사위와 딸을 담아 바다에 띄어버렸다.

무쉐설캅은 밀물에도 홍당망당, 썰물에도 홍당망당 물결 따라 흘러 다니다가 강남천자국 백모래밭에 다다랐다. 그날부터 강남천자국에서는 이상한 일들이 일어났다. 밤에는 백모래밭에 초롱불을 밝힌 듯 환하고, 낮에는 글 읽는 소리가 우렁우렁 그치지 않았다.

강남천자국 왕은 신하들에게 무슨 일인지 조사해보도록 했다. 군사들은 백모래밭에서 무쉐설캅을 발견하고 왕에게 가져갔다.

왕은 무쉐설캅을 열어보도록 했지만 신하들이 아무리 애를 써도 상자는 열리지 않았다. 하는 수 없이 제관을 불러와 예를 갖추어 제사를 지냈다. 그러자 단단히 닫혀 있던 무쉐설캅이 살강 하고 열리면서 안에서 기골이 장대한 도령과 어여쁜 여인이 나왔다.

강남천자국 왕이 공손하게 어느 나라에서 오신 누구냐고 물었다. 소천국의 아들은 조선 남방국 제주라는 섬나라에서 강남천자국에 큰 사변이 일어났다고 하여서 그 난을 평정하러 왔다고 대답하였다. 왕은 황급히 두 사람을 궁궐로 맞아들여 극진히 대접하고는 무쇠투구와 갑옷을 갖추어주면서 적을 물리

치도록 했다.

소천국의 아들이 비루먹은 망아지를 타고 전쟁터로 들어가 보니 머리 둘 달린 적장, 머리 셋 달린 적장이 칼을 휘두르며 달려오는데 아무도 막아내지 못하고 있었다. 소천국의 아들은 무쇠방석을 빙글빙글 돌리다 머리 둘 달린 적장을 향해 휙 던졌다. 그러자 적장의 머리가 그대로 한꺼번에 떨어져 나갔다. 그걸 본 적군들이 웅성웅성하기 시작했다.

연이어 머리 셋 달린 적장을 향해 무쇠 바가지를 던졌다. 무쇠 바가지에 가슴을 맞은 적장이 세 개의 머리에서 한꺼번에 피를 토하며 고꾸라져 버렸다. 이를 본 적군들이 비명을 지르며 삽시간에 흩어져 달아났다.

난은 곧 평정되었고, 비루먹은 망아지를 타고 당당하게 궁으로 돌아온 소천국의 아들에게 왕이 크게 기뻐하며 벼슬을 내리고 땅 한 쪽을 나눠줄 테니까 국세를 받으며 살라고 하였다. 하지만 소천국의 아들은 제주로 돌아가겠다고 했다. 이에 강남천자국 왕은 섭섭해하면서 큰 배 한 척에 식량을 가득 실어주고 군사들의 호위를 받으며 제주 땅으로 돌아갈 수 있게 해 주었다.

마침내 배가 제주바다에 당도했는데, 썰물 때라 제주 동편 소섬 진질깍으로 배를 댔다가 마음에 안 들어 종달리 갯가로 갔다가 거기도 마음에 안 들었다. 그래서 알다랑쉬오름 비자림 쪽으로 올라왔다. 소천국 아들이 부인과 함께 군사들의 호위를 받으며 제주섬으로 올라서자 천둥번개가 치듯 땅이 들썩이고 하늘이 출렁였다.

그 때 아버지 소천국은 산에서 사냥을 하고 있었다. 그런데 갑자기 땅이 들썩이고 하늘이 출렁출렁 하면서 사방이 어수선해졌다. 새들이 푸드득 푸드득 날아오르고 산짐승들도 놀라 사방으로 뛰쳐나갔다.

소천국이 무슨 일이 있는가 하여 오름 위에 올라 아래를 내다보니, 마을 사람들이 무슨 구경거리를 만났는지 우르르 아래로 몰려가고 있었다. 소천국은 사냥하는 걸 그만 두고 마을로 내려왔다. 하녀 느진덕정하님은 소천국에게 세 살 적에 죽으라고 무쉐설캅에 집어넣고 바닷물에 띄워버린 작은 상전님이 아버지 나라를 치려고 들어왔다고 전했다.

소천국은 겁이 바락 나서 한라산 쪽으로 도망치기 시작했다. 그런데 정신 없이 달리다가 그만 고꾸라져 바위 아래로 떨어졌다. 그리고 그 자리에서 숨이 끊어지고 말았다. 소천국은 알송당 고부니모르로 가서 신으로 좌정했다.

어머니 백주또도 아들이 들어왔다는 소문을 듣고 겁이 바짝 나서 도망가다가 당오름 아래서 숨이 끊어졌다. 백주또는 죽어 당오름에 좌정하였다. 그래서 백주또는 송당의 마을신이 되어 정월 열사흗날 대제일을 받아먹게 되었다.

아버지 어머니를 모두 잃은 아들은 몹시 슬펐다. 아버지가 좌정한 알송당 고부니모르에서 눈물 흘리던 아들은 마을마다 연락해 사냥꾼들을 모으고는 사냥을 해서 제물을 바치도록 했다. 그러고는 사냥꾼들이 잡아온 노루며 사슴을 통째로 올려 아버지께 제사를 지내주었다.

아들은 군사들을 본국으로 돌려보내고 부인과 함께 한라산으로 들어갔다. 그들은 조천면 선흘리로, 복오름 체오름으로, 교래리 숲으로, 윗송당 아랫송당 거쳐 체역장오름에 올랐다. 그곳에서 물을 마시고 좌우를 둘러보았다.

"이름난 장수가 날 명당이 어딘가 보자. 김녕리가 명당 중에 명당이로다. 김녕리 입산봉은 두 우산 심은 듯, 괴살미오름은 양산 홍산 불린 듯허다. 아끈 다랑쉬오름은 초출일산(初出日傘) 불린 듯허고, 웃궤눼기로 들어가니 위로 든 바람 아래로 나고, 아래서 든 바람 위로 나고, 아래 길 굽어보니 별 솜솜 달 솜솜하여 좌정할 만허구나."

소천국의 아들이 김녕 마을에 자리를 잡고 앉았는데 며칠이 지나도 누구 하나 대접하는 이가 없었다. 이에 화가 나서 마을 곳곳에 풍운조화를 일으켰다. 배가 뒤집히고 어른들이 병이 나 자리보전하고 아이들도 피부병으로 고생을 하니 마을 사람들은 영문을 몰라 방황하다가 심방을 불러와 점을 치게 했다.

"소천국의 아들이 하늘옥황의 명령을 받아 김녕 마을에 내려왔으나 누구 하나 대접하는 이 없으니 노여워하고 있습니다."

사람들이 소천국의 아들을 찾아가 여쭈었다.

"어디로 좌정하겠습니까?"

"알궤네기에 좌정하겠다."

소천국의 아들이 알궤눼기로 좌정하자 심방이 뭣을 잡수시냐고 물었다. 소도 한 마리 통으로 먹고 돼지도 한 마리 통째 먹는다고 하자 심방이 놀라 사정을 하였다.

"가난한 백성이 어떵 소를 잡아서 올릴 수 이시쿠과? 집집마다 돼지를 잡아 올리도록 허쿠다."

소천국의 아들은 심방의 청을 받아들였고, 이때부터 김녕 궤네기당에서는 해마다 돼지를 잡아 돗제를 올리게 되었다. 김녕 알궤네기 당신이 되어 자손들의 섬김을 받는 소천국의 열여섯째 아들을 궤네기또라고 부른다.

―현용준, 『제주도무속자료사전』의 내용을 바탕으로 정리

궤네기또에 관한 당신화는 내용이 풍부하고 서사가 잘 짜여 있는 편이다. 궤네기또가 부모에 의해 바다에 버려지는 서사가 흥미진진하게 펼쳐지고 있으니 궤네깃당본풀이는 '궤네기또의 무용담'이라 해도 과언이 아니다.

궤네기또는 좌정할 곳을 찾으면서, '이름 난 장수가 날 명당' 자리를 찾았고, 김녕이 명당 중의 명당이 분명하다고 판단하였다. 그런데 이름 난 장수는 바로 자기 자신이기도 하다. 강남천자국에서 난리를 평정하지 않았는가. 그러기에 용맹한 장수인 자신이 좌정할 입지로 김녕이 적합하다고 본 것이다.

'궤네기또'라는 신명은 동굴을 의미하는 '궤'에 태생의 의미로 쓴 '네기', 그리고 신(神)을 의미하는 '또'가 결합된 것이다. 이름에서 알 수 있는 것처럼 궤네기또가 좌정하고 있는 궤네깃당은 동굴이다.

바다와 대륙을 평정한 영웅 궤네기또

신동흔은 『살아 있는 한국 신화』에서 궤네깃당본풀이의 궤네기또를 극찬하면서, '용왕의 딸을 아내로 맞고 용왕국을 헤집어 놓았으니 바다를 평정한 셈이고, 강남천자국에 들어가 천자의 절을 받고 오랑캐를 물리쳤으니 대륙을 평정한 셈이다. 바다와 대륙을 동시에 평정한 존재였으니 그야말로 영웅이라는 이름이 부족하지 않다.'고 평가하였다.

궤네기또는 사냥의 습성을 버리지 못하고 어머니께 쫓겨난 아버지 소천국을 넘어섰다. 또한 사냥과 목축, 그리고 농사를 관장하는 신으로 뿌리를 내린 형님들과도 다른 인생 역정을 보여주고 있다. 부모에 의해 바다에 버려지는 것이 그 계기가 되었지만, 이 모티브는 실제 버려진다기보다는 부모의 한계를 넘어서기 위한 갈등의 다른 표현이라고 볼 수 있다. 이렇게 소천국의 아들 궤네기또는 익숙한 삶의 울타리를 벗어나 과감하게 외부 세계로 나아갔고, 외래 문물을 직접 몸으로 체득하며 기량을 발휘한 후 당당하게 돌아왔다.

궤네기또는 아버지를 닮아 '소도 한 마리 통째로, 돼지도 통째로' 먹어치우는 엄청난 식성의 소유자다. 이 평범함을 넘어서는 식성은 다른 존재에게 부담으로 작용하니 용왕황제국에서도 쫓겨나는 이유가 되기도 한다. 하지만 궤네기또는 비범함으로 자신의 한계를 넘어섰다.

강남천자국에서 전쟁터에 나아가 머리 둘 달린 적장, 머리 셋 달린 적장의 목을 베고 오랑캐들을 흩어지게 하여 난을 평정한 것이다. 이러한 궤네기또의 활약상은 그를 신으로 모시는 마을 공동체의 자부심이 되었다. 마을 사람들은 자신들의 신에 대하여 '용맹한 영웅신으로 비바람을 잠재워 한 해 농사를 돌봐주고 불행한 일들이 일어나지 않도록 지켜준다.'고 안내문에 새기면서 자랑스러워한다.

신화 속에 담긴 세대 간의 갈등

◇ ◆ ◇

홍미롭고 장쾌한 궤네기또의 무용담에서 우리는 인간의 역사와 문화뿐만 아니라 세대 간의 갈등 문제까지 짚어낼 수 있다. 그래서 신화 코드를 풀어가는 과정은 우리의 삶을 반추하는 계기가 되기도 한다.

궤네기또는 세 살 적에 부모에 의해 버려진다. 그것도 그냥 내쳐지는 것이 아니라 죽으라고 석함에 담아놓고 마흔여덟 자물쇠를 채워 바다에 띄워버렸다. 아버지 영조에 의해 뒤주에 갇힌 채 죽어간 사도세자가 생각나는 장면이다. 그렇다고 궤네기또가 엄청난 과오를 저지른 것도 아니다. 아버지 삼각수염을 잡고 가슴을 친 것이 죄명이라면 죄명이다.

어린 아들의 응석에 대한 부모의 대응이 너무 극단적이지 않는가. 하지만 아버지의 삼각수염을 잡고 가슴을 치는 행위는 권위에 대한 도전이다. 소천국은 아들을 석함에 담아 바다에 던져버리는 것으로 자신에 대한 도전을 허용하지 않았다. 그래서 소천국이 아들을 버리는 서사는 아들로 대표되는 새로운 세대의 도전을 용납하지 않으려는 기성세대의 고집이라 할 만하다.

궤네기또는 기성의 세계에서 미지의 세계로 던져졌다. 미지의 세계는 새롭게 적응하고 개척해야 하는 미래 세계다. 인생역정이 시작된 것이다. 바다 속 용궁에 떨어진 궤네기또는 용왕의 딸과 혼인하는 방법으로 정착을 시도한다. 하지만 용궁은 궤네기또를 수용하기에 너무 좁은 세계였다. 그의 식성을 충족시켜 주려 하다 동창고도 비어가고 서창고도 비어가 나라가 망할 지경이 된 것이다.

또 한 번 용궁에서 내쳐진 궤네기또는 바다를 떠다니다 강남천자국에 당도했고, 난을 평정하는 공을 세움으로써 땅 한 부분 차지할 수 있는 기회를 얻게 되었다. 하지만 궤네기또는 이를 거절하고 제주 섬으로 귀향한다.

아들이 성공하여 돌아왔을 때 부모는 그 아들을 환영하고 자랑스러워했을까. 신화 속에 드러난 바와 같이 소천국과 백주또는 아들을 피해

도망가다가 고꾸라져 죽음을 맞이한다. 새로운 세대의 도전을 끝내 부정하고 받아들이지 않으려 하는 기성세대의 고집이 느껴지는 대목이다. 하지만 자식의 고난이 부모에게는 아픔이라는 것 또한 사실이니 이러한 심경을 행간에서 읽을 수 있다.

백주또와 소천국은 아들 열여덟, 딸 스물여덟을 낳았다. 가지 많은 나무에 바람 잘 날 없다고, 그중에는 무난하게 부모의 세계를 받아들이고 변화 발전하면서 잘 정착한 아들이 있는가 하면, 부모의 세계를 부정하고 일탈하여 가슴을 멍들게 하는 자식도 있었다. 궤네기또는 후자를 대표하는 자식이다.

소천국의 아들들에 관한 이야기를 정리하면서 마음이 엄친아 같은 백조도령이나 동새미하로산또보다 궤네기또에 더 기우는 것은 나 역시 부모 속 꽤나 썩인 자식이었기 때문일 것이다. 나는 종종 어머니에게 '너처럼 무심한 자식은 처음이여!'라든가, '너도 꼭 너만한 딸 낳아서 키워봐라.'라는 말을 듣곤 했다.

어머니에게 말대답 꼬박꼬박 하며 속을 뒤집어놓던 딸이 대학을 졸업하자마자 교사로 발령을 받았다. 모처럼 흡족해하는 어머니에게 월급을 통째로 넘기며 경제적 여유까지 드릴 수 있게 되었다. 바로 밑의 동생도 언니를 본받아 서울에서 꼬박꼬박 월급을 보내오니 아연 곗돈을 부을 정도로 살림이 윤택해졌다.

그런데 몇 년 동안 어머니를 흐뭇하게 하던 딸이 웬 '전교조'라는 것을 해서 해직당할 위기에 처했다. 노동조합에 가입만 해도 가차없이 해직을 시키던 독재 정권 시절이었다. 어머니는 딸을 어떻게든 전교조에서 빼내보려고 무진 애를 쓰셨다. 혼자 설득해도 되지 않자 시청 공무

원으로 있는 고모부를 모시고 사무실로 찾아오기까지 했다. 나는 그런 어머니를 피해 한동안 동료들과 잠적을 했으니 집에 들어오지 않는 딸을 찾아다니는 어머니의 가슴은 문드러졌을 것이다.

결국 나는 해직이 되었고, 학교에서 쫓겨난 후에야 집으로 돌아갔다. 오랜만에 집에 들어간 그날 내 기억에 또렷이 각인된 한 장면이 있다. 방문을 열어보니 아버지가 누워 계셨다. 한 번도 나에게 전교조에서 탈퇴하라고 말한 적이 없는 아버지다. 누워 계신 아버지께 고개를 숙이고 진심으로 죄송하다고 말씀드렸다. 아버지는 여전히 아무 말씀도 안 하셨는데 문득 고개를 들어보니 눈물을 흘리고 계셨다. 내가 처음으로 본 아버지의 눈물이었다. 그 순간 뻣뻣하게 치켜세워졌던 나의 어깨가 무너지는 듯했다.

얼마 안 있어 아버지는 일본으로 떠나버렸고 몇 년간 돌아오시지 않았다. 불법체류자로 지내면서 무슨 일을 하셨는지 묻지 못했지만 그 연세에 막일밖에 할 일이 더 있겠는가. 학교에서 쫓겨난 딸을 보지 않으려는 아버지의 도피 생활이었다.

사실 아버지의 도피 생활은 이번이 처음이 아니다. 아버지는 열여덟에 4·3을 겪었고, 그때 제주 섬을 탈출했던 경험이 있다. 대정에서 4·3을 주도한 김달삼(본명 이승진)에게 학교 수업을 들었으니 4·3 항쟁이 일어났을 때 동료 학생들과 산으로 올라간 것은 당연했으리라.

그런데 부모님의 전갈을 받고 잠시 내려온 사이 변절자로 몰렸다고 한다. 할머니 할아버지가 산으로 간 큰아들을 살리기 위해 일부러 불러내린 것이다. 아버지는 산에 올라간 사람들에게는 변절자로, 경찰에게는 폭도로 몰려 쫓기는 신세가 되어 버렸다. 오도 가도 못하게 된 아버지의 선택은 섬 밖으로 도피하는 것이었다. 물론 배를 구할 수 있는 부모의 능력 때문에 가능한 도피였지만 덕분에 가족들도 무사해서 몰살을 면할 수 있었다고 한다.

아버지는 딸에게 불어닥치는 탄압에서 그 시절의 악몽을 본 것일까? 딸을 변절자로 만들 수도 없고, 어려운 시기를 겪어봐서 공권력의 탄압이 얼마나 무시무시한지 잘 알고 있는 터에 전폭적으로 지지하지도 못하는 악몽과 같은 현실을 맞닥뜨리게 되었다. 그래서 이번에도 도피를 선택했다.

소천국과 백주또가 돌아온 아들이 두려워 도망하다가 죽음을 맞이했고, 궤네기또는 부모님의 죽음을 몹시 애석해하면서 온 섬의 사냥꾼들을 불러 모아서 제물을 마련하고 제를 올렸다. 궤네기또의 애석한 심정이 너무도 생생하게 느껴지는 장면이었다. 왜냐하면 이십 년 만에 고향 제주로 돌아와 자리를 잡은 내가 부모님께 맛있는 음식을 대접해 드리고 여행도 보내드리고 싶지만 두 분 다 생을 달리하셨기 때문이다.

백주또와 소천국의 죽음에 대하여 신화학자 신동흔은 "그들이 본래 살던 곳을 떠나 죽음을 맞는 것은 지난 세상이 종말을 고하고 새로운 세상이 시작됨을 알리는 상징으로 읽을 수 있다."고 하면서 소천국과 백주또의 죽음이 우스꽝스럽게 그려지고 있는 것은 그것이 비통한 일이 아니기 때문일 것이라고 말한다.(『살아 있는 한국 신화』) 하지만, 이제 부모님을 뵐 수 없게 된 내 마음은 비통하기만 하다. 인정도 받고 보답도 해드리고 싶은 것이 우리네 평범한 자식들의 심정인 것이다.

바다밭을 일구며 사는 김녕마을과 궤네기굴

◇ ◆ ◇

소천국의 아들이 바다로 내던져지고 용궁에 가서 공주와 혼인하고 돌아오는 모티브는 해촌마을의 형성과 관계가 깊다. 따라서 궤네기또 이야기는 수렵 사회에서 농경 사회로, 그리고 해촌마을의 반농·반어업 사회로의 이동 역사를 반영하고 있는 것이다.

"지혜로운 사람은 물을 좋아하고 어진 사람은 산을 좋아한다.(知者樂水, 仁者樂山)"는 말이 있다. 여기에 바다를 좋아하는 사람은 모험심이 강하다는 나의 생각을 덧붙이고 싶다. 거친 바다로 나아가 바다를 밭으로 일구고, 망망대해를 바라보며 어로 활동을 하는 바닷가 마을 사람들의 모험심과 상상력이 용궁과 강남천자국으로 진출하는 궤네기또 신화를 만들어낸 것이리라.

궤네기또가 좌정한 마을인 김녕은 제주도 동북쪽 해안에 위치하고 있으며, 동쪽은 월정리, 서쪽은 동복리, 남쪽은 덕천리, 북쪽은 바다와 이어지고 있다. 주민들 대부분이 어로 활동을 하면서 농삿일도 겸한다. 옥색으로 반짝이는 성세기 해변에서 한라산 방향으로 조금만 올라오면 보리며, 마늘, 양파 등을 재배하는 밭들이 펼쳐지는데 특히 밭담길이 아름답다.

김녕은 옆 동네인 월정과 함께 용암동굴이 많은 세계지질공원이기도 하다. 동김녕리에 있는 만장굴과 김녕굴은 천연기념물 제98호로 유네스코 세계자연유산으로 등재되었다. 화산섬 제주의 보고라 평가받고 있는 이 동굴들은 뱅뒤굴, 당처물굴 등과 함께 검은오름 용암동굴계에 속한다.

특히 만장굴은 한때 세계에서 가장 긴 용암동굴이라는 말이 있었을 정도로 규모가 큰데, 실제 실측 결과 길이가 7,416미터로 밝혀졌다. 김녕굴은 김녕사굴이라고도 하는데, 동굴 내부의 형태가 뱀처럼 생겼다고 해서 붙여진 이름이다. 김녕사굴은 무시무시한 구렁이가 살고 있어 매년 봄과 가을에 15세 처녀를 제물로 바쳤다는 전설을 가지고 있다. 이렇게 여러 용암 동굴들이 바다를 향하고 있으니 김녕 지역 사람들은 용암 동굴 위에서 삶을 일구고 있다고 해도 과언이 아니다.

궤네기또가 좌정하고 있는 궤네기굴 역시 제주 형성 초기의 화산 폭발로 만들어진 용암동굴이다. 궤네기굴은 김녕리 입산봉(삿갓오름) 기슭에 위치하고 있으며 전체 길이가 200미터이다. 2017년 11월 23일 한국일보 기사에 의하면, 제주도민속자연사박물관에서 1991년부터 3년간 궤네기굴을 발굴조사 했는데, 조사 결과 궤네기굴은 기원전후에 사람이 거주하던 유적으로 밝혀졌다. 입구 쪽은 물론이고 안쪽까지 동굴 전체에 유물이 분포하고 있었다고 한다.

발견된 유물과 동굴 바닥에 퇴적된 토층의 두께로 보아 이곳에서 지속적으로 제사가 이루어진 것으로 추정했다. 그래서 궤네기굴은 오랜 기간 주거지였고, 신앙 공간으로도 이용되었던 보기 드문 유적으로 문화재적 가치가 높다고 평가하고 있다.

궤네기굴 발굴 조사에 관한 기사로 볼 때, 선사시대부터 이어온 사람들의 삶의 역사가 궤네기또 신화에 담겨 있다는 생각을 하지 않을 수 없다. 사냥을 하던 사람들이 산자락에서 내려와 해안가로 이동을 했고, 동굴을 주거지로 삼아 혈거 생활을 하면서 점차 바닷길을 개척해 냈던 역사가 신화 속 서사로 구전되고 있는 것이다.

김녕 성세기 해변의 옥색 바다.

돗제를 받는 궤네기또

◇ ◆ ◇

궤네기또는 엄청난 식사량을 자랑하지만 심방이 가난한 백성들의 사정을 말하자 돼지고기를 받는 것으로 양보를 함으로써 일종의 타협이 이루어진다. 그리하여 김녕마을에서는 매년 돼지를 잡아서 통째로 올리는 제를 지내게 되었다. 돼지를 제주어로 '돗'이라고 하며, 돼지를 잡아 신께 올리는 제사를 '돗제'라고 한다. 돗제를 올린다는 것은 지역민들이 다 같이 돼지고기를 먹게 된다는 의미이기도 하니 이날은 항시 배고픈 백성들이 돼지고기로 체력을 보충하는 잔칫날이기도 하다.

김녕의 돗제가 열릴 때에는 살아 있는 돼지를 이곳으로 끌고 와 잡고 삶아서 제물을 차렸다고 한다. 몇 백 년 동안 이어져 온 문화유산이다. 그런데 바로 옆에 있는 입산봉이 공동묘지가 되면서 장례라도 있는 날에는 돗제를 올리는 것이 어려워졌다. 게다가 4 · 3 항쟁이 일어나고 중산간 쪽으로의 출입을 금지하면서 당에 다니지 못하게 되었다. 그래서 4 · 3 이후로는 각 가정에서 돼지를 잡아 개별적으로 돗제를 지낸다고 한다.

궤네깃당과 신목 팽나무

◇ ◆ ◇

김녕 궤네깃당의 신목 팽나무는 동산 위에 거칠 것 없는 기상으로 우

김녕 성세기 해변 근처에서 본 밭담 풍경.

람하게 서 있다. 어찌나 장쾌하게 가지를 뻗고 있는지 당에 이르기도 전에 신목 팽나무에 시선을 빼앗기고 만다. 궤네기또의 모험과 기상을 떠올리게 하는 광경이다.

안내 표지판에는 팽나무의 수령이 350년 정도라고 하고 있는데, 표지 판을 세운 이후로도 세월이 많이 흘렀으니 400여 년 자리를 지키고 있는 셈이다. 더욱이 놀라운 것은 이 팽나무가 흙 속에 뿌리를 내린 것이 아니라 바위 동굴 위를 덮고 있다는 것이다. 그래서 동굴 입구에는 어지간한 나무의 몸통만큼이나 굵은 뿌리가 꿈틀거리며 존재를 드러내고 있는데 언뜻 보기에는 나무둥치인지 뿌리인지 구분이 안 될 정도이다.

2부 한라산의 신들

궤네깃당은 선사시대 사람들이 오랜 기간 거주했다는 주거 공간이지만 지금은 사람들이 들어가지 못하게 울타리를 쳐놓았다. 굴 앞으로 내려가 안을 들여다보니 제법 공간이 넓어 적지 않은 사람들이 모여 살기에 안성맞춤이라는 생각이 들었다. 혈거 생활을 하는 설촌 조상의 삶을 상상할 수 있는 공간이다.

궤네기굴은 가운데 빈 공간을 두고 왼쪽과 오른쪽에 굴 입구가 있는 모양새이다. 그러니까 용암이 땅 속에서 흘러오다가 신목이 있는 지점에서 잠시 탁 트인 하늘을 마주했고, 다시 땅 속으로 흘러들어간 형세라고나 할까. 어쩌면 가운데 탁 트인 공간은 굴 천장이 허물어진 것일 수도 있으리라. 이곳에서 생활하던 사람들에게는 이 탁 트인 공간이 앞마당 역할을 하지 않았을까 생각해 보지만 선사시대 지형이 어떠했는지 알 수 없으니 이 또한 상상일 뿐이다.

선사시대 주거 공간이 오랫동안 신을 모시고 제를 올리는 제장이 되었다. 하지만 막아놓은 철망이 말해 주듯 이제는 더 이상 이곳에서 제사를 올리는 풍경을 볼 수 없다. 탁 트인 공간에 신목 팽나무가 우람하게 서 있어 사람들의 시선을 끌지만 밭으로 둘러싸여 있어 한창 밭작물이 자랄 때는 드나드는 것도 불편하다. 어느 때는 보리가 한창 자라고 있었고 또 어느 때는 유채나물이 무릎 높이까지 올라와 부득이 농작물을 밟으며 들어가야 했다.

그동안 신당 답사를 해오면서 김녕 지역을 가장 많이 다녔다. 신화연구소 차원에서 진행한 답사가 두 번 정도 되고, 개인적으로 지인들을 데리고 온 것도 서너 차례 된다. 김녕 지역에 신당이 다섯 곳이나 되고, 바다와 산과 나무를 두루두루 보여줄 수 있기 때문이다.

그렇게 김녕에 있는 당들을 안내받았던 후배가 특히 김녕 궤네기당이 인상적이었다고 내게 소감을 전했는데 그 소감이 예상 밖이었다. 나는 당연히 신목에 감탄했을 거라 지레짐작했던 것이다. 하지만 후배는 궤네기당에서 멀리 바다를 내려다보다가 온몸이 전율했다고 말했다. 궤네기당에서 바라보는 바다 풍경! 이에 대한 기억이 나에겐 없어서 고개를 갸웃했다.

그래서 2020년 새해에 다시 궤네기당을 찾게 되었을 때 마음먹고 팽나무 아래 서서 바다 쪽으로 시선을 던졌다. 그리고 비로소 드넓게 펼쳐지는 바다와 마주할 수 있었다. 그간 나는 궤네기당에 올 때마다 신목 팽나무에 사로잡혀 저 앞에 펼쳐진 바다에 눈길을 줄 생각을 못했던 것이다. 궤네기당은 입산봉 기슭에 자리하고 있어 당연히 눈길만 주면 끝없이 펼쳐진 옥색 바다와 마주할 수 있었는데도 말이다. 작심하고 봐서 그런지 후배처럼 온몸이 전율하지는 않았지만, 오랜만에 먼 바다를 바라보며 가슴이 설레었다.

이 동굴에 살던 설촌 조상들도 저 드넓은 바다를 바라보았으리라. 그 당시에는 시선을 가리는 건물도 없었을 테니 지금보다 훨씬 탁 트인 전망이었음이 분명하다. 그래서 한라산 자락에서 사냥을 하고 농사를 짓던 조상들과는 달리 저 바다로 나아가고 싶은 포부를 갖게 되지 않았을까? 마침내 배를 만들고 항해가 시작되었다. 신화 속에 표현되어 있듯이 '물 위로 삼 년 물 아래로 삼 년 파도 따라 홍당망당' 망망대해로 나아갔던 것이다.

김녕 궤네깃당의 신화는 이렇게 바닷가로 내려와 해촌마을을 형성하고 바다를 개척했던 설촌 역사를 담고 있다. 그리고 궤네기또는 바다로

동굴 위에 뿌리를 내린 신목 팽나무. 굴이 무너질 위험 때문에 입구를 막아놓았다.
궤네기굴의 내부 모습.

나아가 새로운 문명을 개척했던 영웅신으로 늠름한 기상을 여지없이 발휘했다. 그 늠름한 기상을 한적한 김녕마을 입산봉 기슭에 서 있는 신목 팽나무에서 충분히 만날 수 있다.

궤네기또를 따라온 용왕의 셋째 딸

궤네기또의 영웅담을 마무리하면서 한 가지 짚어보고 싶은 것이 있다. 소천국의 아들과 혼인하여 용궁을 떠나온 셋째 딸은 어찌 되었을까. 궤네기또라는 영웅의 무용담에 가려 그의 존재는 증발되어 버렸을까. 궤네기또처럼 용궁에서 공주와 혼인하고 돌아온 일곱째(혹은 열일곱째) 아들의 이야기 토산 일뤠당본풀이에서는 용궁아기씨가 신으로서 대접받기까지의 일화가 자세히 소개되고 있다.

용왕의 딸이 신으로 좌정하고 있는 지역은 이곳만이 아니다. 서귀포시 색달동 해신당본풀이에는 행실이 궂어 귀양 온 용왕의 딸이 등장하고, 중문동 불목당본풀이에는 버릇없어 석함에 담아 바다로 띄워버린 중문이하로산또의 딸을 아들로 착각하여 혼인하고 온 용궁의 공주도 등장한다. 용궁의 공주는 애월읍 고내리 오름허릿당에도 좌정하고 있고, 함덕 서물당에는 미륵신으로 좌정하고 있다.

용왕의 딸인 용궁아기씨는 주로 병을 치유하는 치병신 역할을 하고 있지만 지역에 따라서 아기를 키워주는 산육신이나 농경신으로서의 기능을 가지기도 한다. 문무병은 『제주도 본향당 신앙과 본풀이』에서 용

팽나무 아래서 바라보는 김녕마을과 바다.

왕의 딸을 모시는 '칠일당(일뤠당)'이 전도적으로 분포되어 있으며, '산육·치병·농업·어업'을 관장한다고 설명하고 있다.

그런데 왜 김녕에서는 궤네기또와 혼인하고 온 용궁아기씨를 신으로 모시지 않는 것일까. 나는 그 이유가 김녕 지역에 이미 자리를 차지한 신들이 많아 용궁아기씨가 들어설 자리가 없기 때문이라 생각한다.

동김녕의 사장빌레 큰당의 신은 강남천자국에서 들어온 세 자매 중 둘째인 관세전부인으로 치병신과 농경신의 역할을 하고 있으며, 동김녕 성세깃당에는 용왕황제국 일곱째 아들이 좌정하고 있으면서 해녀와

동김녕리 본향 사장빌레 큰당.

여부들을 관장한다. 그리고 서김녕 노모리 일뤠당은 강남천자국에서 온 용녀부인이 산육신과 치병신을 겸하고 있으며, 서김녕리 서문하르 방당에는 미륵신이 좌정하고 있어 아들을 낳고자 하는 여인들의 발길 을 붙들고 있다.

2부 한라산의 신들

바람을 제대로 피운 산신 바람웃도

◇ ◆ ◇

한라산 자락에 비와 바람이 휘몰아친다. 나뭇가지가 꺾이고 뿌리까지 흔들리는 가운데 계곡과 숲에 안개가 장막을 쳤다. 두터운 구름이 하늘을 가리니 대낮인데도 해 저문 듯 사위가 컴컴하다.

한라산의 이러한 기상 상황을 신격화한 산신이 있다. 바로 바람의 신 '바람웃도'이다. 제주어 표기로는 '브름웃도'라고 한다. '브름웃도'는 '브름(바람)'과 위치를 나타내는 '위(쪽)', 신의 이름에 붙이는 존칭접미사 '도'로 만들어진 이름이다. 그러니까 바람 위에 좌정한 신이라고 풀이할 수 있겠다.

보통 고기를 먹어 부정한 신은 바람 아래 좌정하고, 고기를 먹지 않는 깨끗한 신은 바람 위에 좌정한다. 그러니 바람웃도는 고기를 먹지 않는 깨끗한 신이다. 이렇게 바람 위에 좌정한 신이라는 의미와 함께

말 그대로 바람신, 그러니까 풍신을 일컫는다.

제주도의 한라산신 가운데 바람을 제대로 피운 바람둥이 신이 있다. 바로 서귀당의 본향당신으로 서홍·서귀당본풀이의 주인공이다.

제주 땅 설매국에 상통천문 하달지리(上通天文 下達地理)하여, 위로 하늘의 이치에 막힘이 없고, 아래로 세상일에 통달한 일문관 바람웃도가 솟아났다. 바람웃도는 바다 건너 만 리 밖, 비오나라 비오천리 홍토나라 홍토천리에 사는 고산국이 미색이라는 소문을 듣고 한 걸음에 달려가서 부부 인연을 맺는다.

그런데 사실을 알고 보니 천하일색 아름다운 여인은 부인이 아니라 부인의 동생인 처제였다. 바람웃도는 처제를 꾀어내어 한밤중에 청구름을 타고 제주 영산인 한라산으로 도망갔다. 날이 밝아서야 고산국은 남편이 동생과 함께 달아난 사실을 알게 되었고, 이에 분노하여 회오리바람을 일으키며 한라산으로 쫓아간다.

고산국은 남편 바람웃도가 동생과 사랑에 빠져 부부인연을 맺은 사실을 알고는 분개하였다. 그래서 뿡개(줄을 매단 돌덩어리)를 빙빙 돌리다가 둘을 향해 던지며 죽이려 한다. 하지만 도술에 능한 동생이 안개를 피워 칠흑 같은 밤을 만들어버렸고, 고산국은 안개에 갇혀 정신이 아득하였다.

위기에 처한 고산국은 매정한 동생을 나무라다가, 더 이상 둘의 관계를 상관하지 않을 테니 안개를 거두어 달라고 사정했다. 이에 바람웃도는 나뭇가지를 땅에 박아 닭의 형상을 만들었고, 닭이 홰를 치자 새벽이 밝아오며 안개가 삽시간에 걷혀버렸다.

고산국은 비로소 한라산에서 빠져나올 수 있었지만 가슴 속 억울함을 참을 수 없었다. 그래서 동생에게 이제 우리는 남남이니 '지'가로 성을 바꾸고 제 갈

길을 가라고 선언한다. 이때부터 고산국의 동생은 '지산국'이 되었다. 이렇게 동생과 인연을 끊어버린 고산국은 남쪽으로 내려와 서홍리 신으로 좌정하였다.

한편 바람웃도는 천리경 걸렁쇠를 놓아 쌀오름 봉우리에 백차일을 치고 앉았다. 그 때 윗서봉에 사는 김봉태란 사람이 개를 데리고 사냥을 하러 하잣, 중잣, 상잣을 넘어오다 백차일이 둘러 있으므로(신이 좌정하고 있으므로) 가서 문안인사를 드렸다. 바람웃도는 김봉태에게 '산구경 인물차지' 하러 왔다고 하며 길 안내를 해달라고 부탁한다.

김봉태는 바람웃도와 지산국을 윗서귀에 인도하였는데 그곳에 마땅한 좌정처가 없었다. 그래서 바람웃도가 김봉태에게 집으로 인도하면 연 석 달만 머물겠다고 한다. 김봉태는, 인간의 집은 먼지가 많고 그을음 내가 나서 신이 있을 곳이 못 된다 사정을 말하고 '웃당팟'에 신당을 지어 머물게 하였다.

바람웃도는 연 석 달을 머물려 했는데 말 탄 인간 지나가고, 동네 개들이 어정거리니 이것저것 거슬려서 살 수 없었다. 그리하여 '웃당팟'을 떠나 조용한 먹고흘궤 숲에 좌정하였다. 하지만 석 달을 경과해 가니 이번에는 울창한 숲에 시냇물 소리만 들리는 것이 울적하여 살 수 없었다.

바람웃도는 서홍리를 차지하고 있는 고산국을 찾아가 원만하게 땅을 갈라 같이 좌정하자고 사정한다. 그러나 고산국은 노여움을 풀지 않고 땅을 가를 수 없다고 거절하면서 뽕개를 날렸다. 뽕개가 흑 담(지명)에 이르니 고산국은 흑 담을 경계로 그 안으로 들어서지 말라고 통보하였다. 흑 담을 경계로 하여 고산국은 서홍리를 차지하고, 지산국은 동홍리(상서귀)에 좌정했다.

바람웃도도 좌정할 곳을 정하기 위하여 화살을 날렸는데 화살이 문섬 '한돌'에 이르렀다. 그리하여 바람웃도는 문섬이 있는 하서귀를 차지하게 되었다. 이렇게 바람웃도가 하서귀 신나무 상가지에 내려와 좌정하였으나 누구

하나 대접하는 이가 없었다. 이를 괘씸하게 여긴 바람웃도가 상서귀에 사는 오씨 집안 종손에 병을 주어 자신의 존재를 알렸다. 오씨 집안에서는 하서귀의 송씨 집안에 기별하여 마을 사람들을 불러 모았고, 당을 설비하기로 합의를 보았다.

상하서귀 사람들은 나무를 베어다 당집을 짓고 심방을 정하여 당을 매게 하였다. 정월 초하루 과세문안을 올리고, 2월 15일에 영등손맞이, 7월 13일에 마블림제, 11월 1일에 생신제를 지낸다.

하지만 바람웃도가 바람을 피운 일로 자매지간에 원수가 되니, 고산국을 모시는 서홍리와 지산국을 모시는 동홍리는 서로 혼사를 맺지 않는다. 또한 당을 맨 심방도 서홍리와 동홍리는 서로 왕래하지 않게 되었다.

—문무병,『제주도 본향당 신앙과 본풀이』의 내용을 바탕으로 정리

원래 제주도는 바람이 거세고, 비가 잦은 지역이지만, 제주도 안에서도 한라산 남쪽인 서귀포가 상대적으로 더 강우량이 많고 안개도 자주 낀다. 이러한 날씨의 변덕을 신화 속에서 신들의 싸움으로 형상화해 놓았다. 바람웃도와 고산국, 그리고 지산국이 변화무쌍한 기상 상황을 만드는 주인공들이다.

바람웃도는 자신이 혼인한 아내보다 처제가 더 예쁘다는 이유로 처제를 유혹하여 제주 한라산으로 도망하니 도덕적 잣대로 보면 불륜을 저지른 바람둥이다. 그래서 서홍리 사람들은 한라산에서 솟아난 바람웃도를 내치고 그의 소박당한 아내 고산국을 자신들의 신으로 받들었다. 도덕적으로 우월한 고산국 편에 선 것이다.

부도덕한 일들을 벌인 두 신은 좌정할 곳을 찾지 못하고 헤매다 고산

2부 한라산의 신들

국에게 원만하게 땅을 가르자고 애걸하지만 받아들여지지 않는다. 고산국은 뿡개를 날려 흑담 밖으로 이들을 쫓아낸다. 그리하여 서홍리는 고산국이 차지하고, 동홍리와 서귀동은 지산국과 바람웃도가 차지하게 되었다. 세 신들이 차지한 지역을 지도에 표시하고 보니 재밌게도 삼각관계를 형성하고 있었다.

신앙권을 바탕으로 한 마을공동체

고산국과 지산국은 자매에서 원수지간이 되었다. 그리하여 고산국이 좌정하고 있는 서홍리와 지산국이 좌정하고 있는 동홍리는 서로 혼인을 하지 못하고, 당을 맨 심방도 서로 왕래할 수 없게 되었다고 한다. 그만큼 두 지역 간의 대립과 갈등이 가볍지 않았다는 이야기다.

원래 현실에서는 신앙권이 분리되었다고 해도 심방들은 다른 지역으로도 굿을 하러 다녔다. 제주도 속담에 "동네 심방 나무랜다."는 말이 있다. 자기 지역의 심방을 하찮게 여겼다는 의미이다. 다른 지역의 심방을 데려와 굿을 치르는 사람들이 있었기에 오르내렸던 말일 것이다. 그런데 서홍리와 동홍리만은 심방도 서로 왕래할 수 없게 하고 혼사도 맺지 않았다 하니 그 정도로 골이 깊었음을 짐작할 수 있다.

최근에 출간된 한진오의 『모든 것의 처음, 신화』에도 서홍리와 동홍리의 갈등과 관련한 내용을 싣고 있다. '원수가 되어버린 자매가 산 가르고 물 가른 동홍과 서홍 두 마을은 오랫동안 신화의 금기를 지켜왔다'고 하면서, '누군가가 동홍마을에서 귤나무를 구해다 서홍마을에 옮겨 심으면 나무가 죽어버리거나 동티가 발동한다는 속신도 있고, 마소를 서로 거래한 경우에도 비슷한 일이 생긴다고 믿어 빌리거나 사는 일이 일절 없었다.'고 한다. 당 신화가 지역의 역사를 반영하고 있으니, 신들의 싸움으로 인한 갈등은 기실 공동체의 갈등을 대변하는 것이리라.

고광민은 「행정권과 신앙권」(사단법인 제주학회, 『제주도 연구』, 1989)이란 글에서 공동체는 그들이 모시는 수호신에 따라 신앙권을 형성하는데, 행정권이라는 외적 구속력이 신앙권이라는 내적 결집력을 이겨내지 못한다고 지적하고 있다.

신앙공동체가 모시는 수호신을 '본향신'이라 하는데, 이 본향신을 '토주관(土主官) 혹은 토지관(土地官)'이라고도 부른다. 본향신을 토지관이라고 하는 것은 그 신이 일정 지역을 차지하고 있다는 의미이다.

신화 속에서 서홍리와 동홍리 못지않은 갈등 관계를 보이는 지역이 또 있다. 세화리당본풀이를 보면, 천자또가 무단히 자신의 외손녀 백주또의 손목을 잡은 멍둥소천국에게 분노하여, 외손녀를 겁탈하려 한 멍둥소천국에게 땅 가르고 물 가르라고 한다. 그러고는 단골(신앙민)들을 불러놓고 명을 내렸다.

"멍둥소천국놈이 내 자손이 오는데 겁탈하려 했으니 괘씸하다. 땅 가르고 물 갈라라. 바른물머리(세화리와 평대리의 경계선)로 구획을 해서 물도 같은 물 먹지 말라. 길도 같은 길 걷지 말라. 사돈도 하지 않는다. 세화리 땅 다니는 자손은 간마리(평대리) 땅에 다니지 말고, 간마리 땅 다니는 자손 세화리 땅에 오지 말아라."

2부 한라산의 신들

바람웃도가 쏜 화살이 떨어졌다는 서귀동 앞바다 문섬.

그때부터 천자님이 말한 법대로 실행하여 세화리와 평대리 사람들이 등을 돌리고 살게 되었다는 이야기이다.

세화리와 평대리도 신화 속 갈등처럼 실제 서로 대립하였는지 확인할 수 없다. 그래도 신화 속에 '옛적의 법을 그대로 실행허였습네다.'라는 구절이 있는 걸로 봐서 어느 시기까지는 반목이 지속되지 않았을까 추측해 본다. 하지만 신앙공동체의 결집력이 약해진 요즘에는 신들의 대립이 현실을 반영하는 현상은 더 이상 존재하지 않을 것이다.

신화를 통해 상상하는 설촌 역사

◇ ◆ ◇

신들은 좌정할 곳을 정하기 위해 상상봉오리 오름 위에서 천기지기를 살피기도 하고, 활을 쏘기도 하며, 바둑을 두어 우선순위를 정하기도 한다. 드디어 신들이 입지(들어설 곳)를 찾아내고 좌정한다는 것은 마을이 형성되었다는 것을 알려주는 신화적 표현이다. 이러한 설촌 역사가 서홍·서귀당본풀이에도 나타나고 있다.

고산국이 지산국과 바람웃도와의 싸움에서 패한 후 산을 내려와 서홍리에 좌정한다. 문무병은 『제주도 본향당 신앙과 본풀이』에서 서홍리는 땅이 기름지고 논농사가 잘 되는 지역이고 지산국과 바람웃도가 차지한 상하서귀는 비교적 건조하다고 했다. 서홍리가 땅이 기름지고 논농사가 잘 되는 지역이라 하니 경제적으로 풍족했다는 의미이고, 그만큼 기득권 세력이 형성되었을 것이라 추측할 수 있다. 서홍리의 기득권 세력은 고산국 신화를 통해 도덕적 우위를 내세웠으리라.

세력을 형성하지 못한 사람들은 신화 속에서 바람웃도와 지산국이 쫓겨난 것처럼 상대적으로 척박한 땅으로 밀려나야 하지 않았을까? 이러한 서사는 약한 세력이 이미 자리를 잡은 강한 세력에 의해 밀려 주변으로 밀려나는 양상을 반영하고 있다.

바람웃도는 쉽사리 좌정할 곳을 찾지 못한다. 좌정처가 마땅하지 않아서 쌀오름으로 웃당팟으로 먹고흘궤로, 신나무상가지로 당집으로 계속 옮겨 다닌다. 바람웃도의 이러한 방황에서 살 곳을 찾아 떠돌아다니는 설촌 조상들의 모습을 상상할 수 있다.

바람웃도는 화살을 날렸는데, 문섬 한돌에 이르렀다. 그리하여 문섬 북쪽 지금의 서귀동을 차지하게 되었다. 이곳은 원래 용궁에서 온 금상부인이 차지하고 있었으나 바람웃도를 보고는 자신의 세력이 약함을 인정하고 자신은 바다만 차지하겠다고 하면서 용궁으로 돌아간다. 바람웃도가 좌정하기까지 우여곡절이 계속해서 이어졌음을 알 수 있다.

정리하자면 서홍·서귀당본풀이는 서홍리와 동홍리, 그리고 서귀동에 사람들이 어떻게 하여 정착 생활을 하게 되었는지에 대한 설촌 역사를 반영하고 있는 신화이다. 여기에 그치지 않고 이후 신앙공동체 간의 반목과 갈등까지 드러내고 있으니 당본풀이는 신화시대 이후의 생활사까지 반영하고 있는 귀중한 자료라고 말할 수 있겠다.

신화 속에 반영된 제주의 사회 관습

혼인하자마자 미색이 뛰어나다는 이유로 다른 사람도 아니고 처제를 꾀어내어 야반도주한다는 스토리는 지금 관점에서 보더라도 막장 드라마다. 그래서 어떤 이는 이 세 신의 갈등을 '사랑의 치정극'이라 말하기도 한다.

하지만 관점을 달리 해서 보면 이러한 서사는 단순한 치정극이 아니라는 걸 알 수 있다. 우선 이 신화는 바람웃도와 지산국의 도주 행각보다는 하루아침에 소박당한 고산국의 아픔과 분노에 초점을 맞추고 있다. 그러기에 뽕개를 날려 경계 밖으로 불륜의 주인공들을 밀어내고,

대대손손 혼인도 맺지 못하게 하는 것이다. 사실 신들의 이러한 갈등과 분노, 대립은 제주의 관습을 반영하는 모티프이다. 고산국의 분노만큼이나 아픔과 고난을 짊어졌던 제주의 여인들이 드물지 않았기 때문이다.

제주 신화에는 남신들이 심심찮게 본부인을 소박하고 첩을 얻는 이야기가 등장한다. 심지어는 수렵 사회를 대표하는 소천국마저 부인에게 쫓겨난 주제에 정동갈의 딸을 첩으로 삼아 산다고 하지 않는가. 물론 후대에 삽입된 화소이겠지만 말이다.

제주의 또 다른 신화 '문전본풀이'에도 처첩 갈등이 첨예하게 펼쳐진다. 자식이 일곱이나 되어 무능한 남편에게 돈을 벌어오라고 했더니 노일제대귀일의 딸에게 빠져 있는 재산 모두 잃고 거지 신세가 된다. 첩인 노일제대귀일의 딸은 남편을 찾아온 여산부인을 죽이고 본부인 행세를 하면서 남편의 아들들도 죽이려 한다.

이렇게 신화 속에 자주 등장하는 처첩 간의 갈등은 제주의 관습과 현실을 반영하는 모티프이다. 신화를 읽다 보면 남신들이 고기를 먹었느니 말았느니 하면서 부인을 소박하고 첩을 얻곤 한다. 아무리 신화라 할지라도 유쾌하지 않은 전개다. 주변에서 익히 보아온 풍경이기에 이야기 속에 배어 있는 여인들의 좌절과 아픔에 무심할 수 없는 것이다.

제주도는 바다에 고기 잡으러 나가거나 부역에 동원되거나 하면서 남자들이 많이 죽었고 이에 따라 실제로 제주는 여자들의 숫자가 더 많았다. 고광민의 『제주생활사』에 소개된 1904년 〈삼관호구가간총책〉 기록에 의하면 마을마다 여자들이 남자들보다 훨씬 많았고, 어떤 마을은 여자들의 수가 두 배에 이르기도 했다.

이런 상황에서 남편 없이 여자 혼자 살아간다는 것이 여간 힘든 일이 아니었기 때문에 배우자가 있는 남자에게라도 시집을 갔던 여자들이 많이 존재했던 것이다. 조선 후기에 제주 목사로 지내면서 제주의 자연과 풍속에 대하여 기록했던 이형상은 『남환박물』에 "아주 잔약한 사람도 또한 두셋의 아내를 거느리게 되고, 혹은 십여 명의 아내를 둔 사람도 있다."고 기록하고 있다.

남자들이 부족한 상황은 4·3을 겪은 해방 이후에 더욱 심화되었다. 최근에 김서령의 『외로운 사람끼리 배추적을 먹었다』를 읽다가 관련 내용을 발견했다. 김서령의 아버지가 한국전쟁 중인 1951년에 '국군준비대'로 제주도에 주군하고 있었는데, 그때 마을마다 여자와 아이들뿐이었다고 한다. 하도 이상하여 아이 아버지는 어디 갔냐고 물으면 전부 일본 갔다고 대답했는데 나중에 알고 보니 그게 다 4·3 때 죽은 거였다는 것이다.

"사람 목숨이 파리 목숨보다 못할 때였제. 사계리 바닷가에 시체 타는 냄새가 코를 찔렀어."

김서령 아버지의 이야기는 당시 상황을 생생하게 보여주는 일화다.

우리 외할아버지의 여성 편력도 이러한 시대배경 속에서 이루어졌다고 생각한다. 우리 어머니를 낳아주신 할머니 외에도 작은삼촌과 이모를 낳은 할머니와 큰삼촌을 낳은 할머니, 그리고 둘째 이모를 낳은 할머니가 모두 다르다. 이 정도면 바람웃도 못지않은 바람기의 소유자가 아닌가. 물론 그렇게 할 수밖에 없었다는 명목은 있었다.

우리 외할아버지와 외할머니한테는 두 아들이 있었다. 내가 전해 듣기로 큰외삼촌은 일본에서 알아주는 대학을 졸업하고 제주로 돌아와 북초등학교에서 교사로 있었는데 해방 직전에 피살되었다. 누구에게 왜 피살되었는지 밝히지 못했던 죽음이라고 한다. 아들을 묻을 수 없다며 시신을 붙들고 식음을 전폐하셨을 정도로 외할아버지의 상심이 크셨던 모양이다.

둘째 외삼촌은 4·3 항쟁이 일어났을 때 월북했다. 어머니 말씀에 의하면 큰외삼촌보다 더 똑똑했고, 늘 책을 보고 있었다고 한다. 작은 외삼촌이 북으로 간 이후 소식이 끊어지니 생사를 알 수 없게 되어버렸다.

졸지에 두 아들을 모두 잃게 된 외할아버지는 아들을 얻는다는 구실로 계속해서 다른 여자들과 살림을 차리는 편력을 시작했다. 이렇게 새 여자를 계속해서 맞아들였던 외할아버지는 두 아들을 다시 얻는 데 성공하기는 했다. 그렇게 얻은 아들 중 큰 외삼촌은 외할아버지의 그 많던 땅들을 다 팔아치우고도 제대로 자리잡지 못하는 신세였다. 그나마 다행인 것은 집 하나 겨우 물려받은 작은 외삼촌이 제대로 자리잡고 할아버지의 고향을 지키고 있다는 것이다.

이러한 와중에 우리 외할머니는 소박당한 신세가 되어 혼자 외롭게 사시다가 거동이 불편해지자 큰딸인 우리 어머니께 의탁하셨다. 꽤나 곱고 품위도 있었던 할머니는 흐트러짐 없이 꿋꿋하게 사셨지만 치매기가 오기 시작하면서 아들을 그리워하는 마음을 감추지 못하셨다.

한번은 내가 읽던 소설책의 맨 앞에 있는 작가 사진을 보고는 자신의 아들이 틀림없다고 우기셨다. 한 장 전체를 차지한 상반신 사진이었다. 할머니는 돌아가실 때까지 소설책을 머리맡에 보관하면서 수시로 꺼내 사진을 들여다보시곤 했다. 소설책에서 준수한 젊은 남자의 사진을 보자마자 자신의 아들이라고 우기시던 그 모습이 아직도 슬픈 장면으로 내 기억 속에 남아 있다.

서귀본향당과 이중섭 거리

◇ ◆ ◇

세월이 흐름에 따라 신화 속에 펼쳐졌던 삼각관계의 판도는 변했다. 고산국이 좌정하고 있는 서홍리 본향당은 찾아가기도 쉽지 않다. 원래 고산국을 모시는 본향당이 동카름 먹구슬당으로 하나였으나 심방끼리 다툼이 나서 안카름 숭물로 가지갈라 갔다고 한다. 동카름 먹구슬당은 안 간 곳 없이 다니며 사진을 찍는 김일영 선생님도 찾지 못했다고 하고, 안카름 숭물당만 겨우 위치를 알아냈다. 그래서 따로 일정을 잡아 답사를 하게 되었다.

고산국당은 '안카름'이란 말처럼 한라산 안쪽으로 깊숙이 자리하고 있는 당이었다. 당 옆으로 작은 내가 흐르고 있었는데, 이 하천이 바로 숭물인 모양이다. 그래서 당 이름도 숭물당이고, 다리 이름도 숭물교였다. 절벽 아래 시냇물을 끼고 숲 속에 조용히 자리잡은 안카름 숭물당은 고즈넉하기 그지없었는데, 바로 옆에 큰 공사가 진행되고 있어서 이 당의 앞일을 장담하기 어렵겠다는 생각이 들었다.

동홍동 지산국당은 신화연구소 신당 답사를 통해 찾아가려고 했는데 그 일대 농지를 소유한 주인이 그곳을 둘러보고 싶다는 우리의 청을 거절했다. 한 번 들여다보겠으니 밭을 통과하게 해달라고 사정을 하니까 사나운 개를 풀어버리겠다고 협박하면서 화를 내는 바람에 답사하는 걸 포기했다. 주인 입장에서도 집 마당으로 낯선 이들이 수시로 드나드니 여간 성가신 게 아니었을 게다.

그런데 바람웃도의 서귀본향당이 있는 서귀동은 오늘날 서귀포시의 중심가로 발전하였다. 게다가 서귀포시에서 바람웃도의 서귀본향당 땅을 매입하고 문화유산으로 정비해 놓아 입구에 안내판까지 걸어놓았다. 여러 모로 고산국당과 비교가 된다. 서귀동 신앙민들은 바람웃도와 함께 지산국도 자신들의 신으로 모시고 있다.

　서귀본향당은 섶섬과 문섬이 한 눈에 내다보이는 솔동산 언덕배기에 자리하고 있다. 바로 옆에 이중섭미술관이 있는데, 미술관 건물 이층으로 올라가 서귀포 앞바다를 바라보았더니 문섬이 떠 있는 푸른 바다가 시원하게 펼쳐져 보였다.

　바람웃도의 서귀본향당이 있는 언덕은 이중섭거리로 알려져 있다. 한국전쟁 와중에 제주에 1년 남짓 거주했던 이중섭 화가를 기념하여 이중섭미술관을 건립하였고, 이 일대를 이중섭거리라고 명명한 것이다. 서귀포 앞바다가 훤히 내려다보이는 아름다운 언덕배기가 천년 탐라의 풍신 바람웃도의 거리가 아니라 이중섭 거리가 된 현실은 저물어 가는 신화 시대의 자화상이다. "동네 심방 나무랜다."는 말을 이 대목에서 떠올리지 않을 수 없다. 제것의 소중함을 모르는 행정가들의 낮은 문화 의식이 아쉽기만 하다.

　또 하나 아쉬운 점은 서귀본향당을 찾을 때마다 문이 닫혀 있는 건물만 덩그러니 우리를 맞이한다는 것이다. 이 당집이 이중섭거리 한 귀퉁이에 자리하고 있는 셈인데, 올 때마다 묵중한 자물쇠로 출입문을 잠가 놓고 있어 안을 들여다볼 수 없다. 게다가 시에서 보조금을 받고 지었을 당집은 한 마디로 멋대가리가 없어 눈살을 찌푸리게 한다. 전에는 마당 앞의 동백도 예뻤고 뒤꼍에도 제법 늠름한 나무들이 있어 그나마 나았었는데 왜 그랬는지 나무들을 모두 베어버렸다. 일부러 삭막하게

서귀본향당 입구 안내판.
문이 닫혀 안을 들여다볼 수 없었던 서귀본향당.

만들려고 작정을 했나 싶을 정도로 아쉬운 풍경이다.

　아직은 겨울 끝자락인 2월 초에 또다시 서귀본향당을 찾았는데, 여전히 당집은 문을 자물쇠로 꼭꼭 닫아놓고 있는 것이 유폐된 신의 모습처럼 보여 쓸쓸한 심정을 감출 수 없었다. 바람신을 건물 안에 가두어 놓았으니 얼마나 답답한 일인가. 생전에 피운 바람이 그 안에서 곱게 잦아들었는지 궁금하다는 생각마저 들었다.

　동행한 사진작가는 굳게 닫힌 문이 안타까운지 자꾸만 자물쇠를 만지작거리며 번호를 맞혀보려고 애를 쓰다가 드라이버가 있으면 아예 떼어내 버리고 싶다고 짜증을 냈다. 하지만 나는 그 안을 들여다보고 싶은 간절함이 없었다. 전에 민속학자에게 당집 안의 풍경이 제주식이 아니라 큰 의미가 없다고 했던 말을 들었기 때문이다. 이 당을 매던 심방의 아들이 육지에서 무속 일을 배워 와서 육지 식으로 꾸며놓았다는 것이다. 그나저나 나는 이렇게 답답한 당집보다는 신목이 울창한 숲속이나 계곡의 신당이 시원하니 좋다.

　서귀본향당에서 나와 옆에 있는 이중섭미술관 정원을 걸었다. 황량한 서귀본향당과는 딴판으로 어찌나 이렇게 아름답게 정원을 조성해 놓았는지 감탄이 절로 났다. 하얀 매화와 홍매화가 피어 어우러졌고, 그 아래는 유채꽃이 노랗게 물결치는데, 담벼락 아래 고개를 내민 수선화도 진한 향기를 뿜으며 코끝을 간지럽혔다.

　팽나무가 멋있게 가지를 뻗은 올레는 처음 보았을 때부터 나를 매료시킨 아름다운 길이다. 이 멋있는 길 끝에 서귀본향당이 있건만 사람들은 미술관 위쪽으로는 더 이상 올라가지 않는다. 나무들도 없애버리고 멋없는 집 하나 덜렁 지어놓아 문까지 잠가놓았으니 산책길로도 매력

서귀본향당과 여러 모로 대비되는 이중섭 미술관.
서귀본향당과 미술관으로 이어지는 올레길.

이 없어져버렸다. 올 때마다 더욱 황폐해져가는 본향당 풍경은 다시 찾고 싶은 마음마저 사그라진다.

답사를 마무리하고 돌아가려는데 갑자기 바람이 거세게 불었다. 아니 이곳 솔동산에 올 때부터 차고 거친 바람을 만났다. 분명 좀 전에 거쳐왔던 하례리도 보목리도 심지어는 바로 옆 동홍리까지도 바람 없이 포근했는데 말이다. 역시나 여긴 바람웃도의 구역인가 보다. 사람들이 그저 바람신을 모시겠는가. 봄을 만났나 보다 생각했는데 갑자기 존재감을 드러내는 바람웃도 때문에 아직은 겨울의 끝자락임을 깨달으며 옷자락을 여미었다.

2부 한라산의 신들

천기를 살피는 산신백관 하로산또 I

한라산에서 솟아났지만 사냥을 하면서 돌아다니는 것이 아니라 나침반을 보고 천기를 짚으며 좌정할 곳을 찾는 하로산또들이 있다. 이 신들은 학문에 달통하고 풍수 등 천문지리를 보는 산신백관이다.

대표적인 산신백관은 세화리당본풀이의 천자또이다. 세화리당본풀이에 등장하는 천자또의 신상명세는 이렇다.

천자또는 한라산 백록담에서 부모 없이 솟아났다. 일곱 살에 천자문을 통달하고, 열다섯이 되기 전에 동몽선습, 통감, 소학, 대학, 중용, 서경, 시경을 다 끝마쳤다.

열다섯 살이 되니 백 망건, 백 장삼에 백 띠를 두르고, 한 아름이 넘는 책과 한 줌이 넘는 붓대에, 일천 장의 벼룻돌에다 삼천 장의 먹을 갈아 하늘옥황으로 올라갔다. 하늘옥황에서 옥황상제를 도와 소임을 맡아 일을 하다가, 염라대왕의 특별 요청으로 지하세계로 내려가 지하 소임을 수행했다.

하루는 옥황상제가 천자또를 불러 '그만 하면 네 할 도리는 다 했으니 이제 지상으로 내려가 자손들의 섬김을 받으면서 살아가라.'고 하명하였다. 천자또는 옥황상제의 명에 따라 상세화리(구좌면 세화리) 손드락모르에 내려와서 동장, 좌수, 소무 등을 불러 팔간장방(八間長房) 큰 집을 짓게 하여 좌정했다.

천자또는 마흔여덟 상단골, 서른여덟 중단골, 스물여덟 하단골의 생산, 물고, 호적, 장적을 차지하고, 백메, 백돌래, 청감주, 계란 안주를 받아 잡수신다.(이하 생략)

　　　—여연, 문무병『신화와 함께하는 제주 당올레』자료를 바탕으로 정리

천자또가 일곱 살에 천자문을 통달하고, 열다섯이 되기 전에 동몽선습, 통감, 소학, 대학, 중용, 서경, 시경을 다 끝마쳤다고 하니 영재를 넘어 가히 천재 급이다. 한라산신이 학문에 달통하고 천기를 살피는 등 우주를 꿰뚫는 모습으로 일신했다. 남의 소를 잡아먹은 탓에 부인에게 쫓겨나는 사냥신 소천국의 모습 따위는 흔적도 찾을 수 없다. 또한 좌정할 곳을 찾아 한라산 자락으로 오름으로 헤매고 다니는 하로산또들의 모습도 보이지 않는다.

천자또는 고기를 먹지 않는다. 그리하여 서울 남산에서 외손녀 백주또가 찾아왔을 때 식성부터 묻고, "정과나 백돌래나 얼음 같은 백시루나 메에 청감주, 청근채나 계란 안주 먹는다."는 대답을 듣고서야 곁에 머물 것을 허락한다.

또한 사냥을 하여 고기를 먹는 멍둥소천국이 외손녀의 손목을 잡았

다는 걸 알고는 호통을 치며 쫓아낸 후 자손들에게 멍둥소천국이 좌정하고 있는 간마리(평대리) 사람들과 같은 물도 먹지 말고 사돈도 맺지 말라고 명을 내리는 것이다. 서울에서 귀양 온 금상님이 외손녀 백주또와 혼인하려 하자 고기를 먹지 않을 것을 전제로 받아들이기도 한다.

천자또가 '고기를 먹지 않는다.'는 것은 우월감의 표현이다. 이런 자부심을 바탕으로 '고기를 먹는' 세력을 천시하는 성향을 보인다. 산신백관이 된 하로산또는 더욱 고상해지는 대신 권위적이고 가부장적인 모습을 보이고 있는 것이다.

신으로서 이렇게 권위와 위엄을 과시할 수 있다는 것은 그를 모시는 신앙민들이 경제적 우위를 점한 기득권 세력이기 때문이다. 제주도는 화산섬으로 땅이 척박하니 살림살이가 고만고만했지만 이런 가운데서도 상대적으로 중산간 지역이 경제적으로 여유가 있어서 반촌이라는 말을 들었다.

민속학자 문무병은 『제주도 본향당 신앙과 본풀이』에서 가장 조건이 좋은 마을은 중산간 지역이라고 하면서, 이곳에 세력을 가진 토호나 양반 세력이 마을을 형성하였다고 말한다. 중산간의 반농·반목축의 생활은 소나 말을 이용하여 쟁기를 끌고, 밭을 갈았기 때문에 영농 방법이 앞서 있었고 수확이 많았다는 것이다. 이에 따라 빈부격차가 벌어지면서 힘이 약한 세력이 밀려나는 양상을 보이게 되고 이러한 경제 상황이 신화 속에 반영되고 있다고 진단한다.

당 신앙을 바탕으로 마을공동체가 강화되고, 봉건 질서 속에 중산간 마을과 어촌 마을은 반촌과 개촌으로 나뉘면서 산촌 사람은 산촌 사람끼리, 어촌 사람은 어촌 사람끼리 혼인했던 풍습이 신화 속에 반영되고 있다 하겠다. 따라서 천자또는 세력을 가진 토호 세력의 위엄과 권위를 대변한다고 볼 수 있다.

형제로 맺어진 예촌본향과 조노기한집

◇ ◆ ◇

산신백관이라고 부르는 풍수신계 하로산또의 대표적인 계보는 한라산 서쪽어깨 소못뒌밭에서 솟아난 아홉 형제들이다.

그 계보를 구체적으로 살펴보면, 장남은 성산읍 수산리 울뤠모르하로산, 차남은 애월읍 수산리 제석천왕하로산, 삼남은 남원읍 하례리 삼신백관또하로산, 사남은 서귀포 호근리 산신백관또하로산, 오남은 중문면 중문리 중문이백관하로산, 육남은 중문면 색달리 당동산백관하로산, 칠남은 중문면 하예리 열뤼백관또하로산, 팔남은 안덕면 감산리 고나무상태자하로산, 구남은 대정읍 일과리 제석천왕하로산이다.

여기에 더해 서귀포시 보목리의 '조노기한집' 또한 대표적인 풍수신계 산신백관이다. 이 조노기한집은 위의 아홉 형제 중 셋째 남원읍 하례리의 삼신백관또 하로산인 예촌본향과 의형제를 맺은 사이이기도 하다.

남원읍 하례리 삼신백관또하로산과 보목리 조노기한집에 관한 신화를 감상하면서 산신백관 하로산또가 지닌 풍모를 감상해 보자.

보목리의 조노기하로산또는 한라산 백록담에서 솟아난 바람웃도이다. 바람웃도는 신중부인과 함께 백록담에서 내려와 제완지홀(상효리)에 와보니 칠오름에 청기와 차일이 쳐져 있었다. 차일이 쳐져 있다는 것은 그곳이 신이 좌정한 제장이라는 의미이다.

조노기하로산또는 부인을 토평리 허씨 과부댁에 맡겨두고, 청기와 차일이 쳐져 있는 곳에 가보니 산신백관 삼형제가 장기를 두고 있었다. 한 어른은 한라영산 백관님이고, 또 한 어른은 강남천자국서 솟아난 도원님, 또 한 어른은 칠오름서 솟아난 도병서이다.

서로 통성명을 하고 나이를 따져보니 조노기하로산또가 제일 위였다. 그러나 산신백관 삼형제는 바둑을 두어 이긴 사람을 형님으로 모시는 것이 어떠냐고 제안하였다. 이에 조노기하로산또는 흔쾌히 수락하였다.

그리하여 네 어른이 앉아서 장기를 두는데 조노기하로산또가 이길 듯하였다. 그러자 산신백관 3형제는 서로 훈수를 두며 합심하여 결국 조노기하로산또를 이겼다. 조노기하로산또는 장기에 졌음을 인정하였고, 산신백관 3형제에게 먼저 좌정할 곳을 차지하라고 양보하였다.

산신백관 3형제는 자신들이 형이니 위쪽을 차지하겠다고 하여 배야기뒌밧(남원읍 하례리의 지명)에 좌정하였고, 조노기하로산또는 조노기(보목리의 속칭)로 내려왔다.

조노기하로산또가 부인을 데리러 토평리 허씨 과부댁에 가보니 부인에게서 존경내(돼지고기 냄새)가 심히 났다. 조노기한집은 '어째서 부인에게서 존경내가 나는 것이냐?'고 물었다. 부인은 '오줌 누러 갔다가 돼지고길 하도 먹고 싶어 물명주 손에 감아 돼지 항문으로 넣어 간회를 꺼내 먹었다.'고 대답하였다.

이에 조노기하로산또는 크게 화를 내면서 몸을 더럽힌 부인과는 같이 좌정할 수 없다고 선언하였다. 그러면서 부인에게 토평리 막동골에 좌정해서 사냥꾼에게서 사냥한 네발 짐승고기나 얻어먹고 살라고 하였다. 이렇게 부인을 내치고 새금상따님아기를 첩으로 삼아 보목리에 좌정하였다.

새금상따님아기는 우김이 세고 투심이 세니 한 아름 가득 금책, 한 줌 가득 붓, 일천 장의 벼루, 삼천 장의 참먹, 상단골의 상별문서, 중단골의 중별문서, 하단골의 하별문서, 낳는 날 생산을 차지하고, 죽는 날 물고를 차지하였다. 이렇게 새금상따님아기는 삼승할망이 되어 아기를 나면 곱게 키워주고, 열다섯 십오 세가 넘어 결혼하게 되면 홍포사리(혼사함 보자기)도 돌봐주었다.

산신백관의 자부심과 금기 파기로 쫓겨나는 여신들

산신백관들은 고기를 먹지 않는 깨끗한 신으로서의 자부심을 한껏 드러내면서 부인을 고기를 먹었다는 이유로 쫓아내기까지 한다. 신화 속에서 부인신이 고기를 먹는 경우에는 주로 임신을 했을 때이다. 평소에는 고기를 금기시하다가도 뱃속의 아기를 위해서 단백질을 섭취하기 때문이다. 이렇게 임신을 했을 때 돼지고기가 너무도 먹고 싶어 육식금기를 파괴했다가 쫓겨나는 여신들이 곳곳에 많다.

그렇다고 하여 대단하게 금기를 파괴한 것도 아니다. 토산당본풀이의 용궁아기씨나 월정당본풀이의 서당할마님은 한여름 가뭄에 목이 말라서 마침 돼지 발굽 자국에 고인 물을 보고는 그거라도 핥아 먹으려고 엎드렸는데 돼지 털이 코를 찔렀다. 그러자 문득 고기가 먹고 싶어 돼지털 한 가닥을 불에 그슬려 먹었더니 먹은 듯 만 듯하였다. 그런데 이를 안 남신들은 부인의 몸이 부정해졌다고 화를 내면서 쫓아낸다.

앞의 신화에 소개된 신중부인은 욕구 충족이 노골적이다. "오줌 누러 갔다가 돼지고길 하도 먹고 싶어 물명주 손에 감아 돼지 항문으로 넣어 간회를 꺼내 먹었다."고 대답하지 않는가. 이에 대하여 민속학자 문무병은 "임신은 생산 욕구의 발현이며 아이의 산육을 위해 단백질 공급의 욕구다. 또한 생산 욕구와 단백질 공급이라는 단순한 식욕과 생산욕에 머물지 않고 몸 속에 들어가 배설의 카타르시스를 이루어내는 생식의 욕구, 성욕으로 확대된다."고 하였다.

어쨌거나 돼지털 한 가닥 그슬려 냄새 맡거나 먹는 여신의 모습은 짠하다. 식욕이든 성욕이든 어떠한 욕구도 여성에게 허용하지 않으려는 가부장 사회의 억압구조가 느껴져서이다. 억눌리는 만큼 욕구는 더욱 강해지니, 신중부인처럼 돼지 항문으로 손을 집어넣어 간회를 꺼내 먹기에 이르지 않았을까. 속에서 토기가 올라올 정도로 역한 이 표현은 억압 속에서 더욱 강렬해진 욕구의 표현이 아닐까 생각해 본다.

산신백관들은 육식금기를 파괴했다는 이유로 부인을 쫓아내고서는 당연한 것처럼 첩을 두는 모습마저 보인다. 한껏 위엄을 내세우면서 사회 관습이 그러하니까 당연한 것처럼 첩질을 서슴지 않는 것이다. 가부장적이고 권위적이며 부인을 괄시하여 첩을 두고 허세를 부리는 조선시대 일부 양반들이 떠오른다.

이렇게 하로산또들은 도교의 신선 풍모를 가진 산신백관으로 변신했지만 다른 한 편으로 가부장적이고 권위적인 모습을 드러내고 있다. 이러한 가부장적인 권위는 여성들에게 억압 구조로 작용하고 있다는 것이 육식 금기의 모티프로 드러나고 있다. 또한 산신백관 하로산또들은 토호로 성장한 세력의 권위와 위엄을 대변함으로써 계층 간의 갈등을 유발하기도 한다.

세 남신이 좌정하고 있는 하례리 예촌본향 큰당

그동안 답사하면서 보았던 신당 중 가장 인상적인 곳을 꼽으라면 남원읍 하례리에 있는 예촌본향 큰당을 내세우고 싶다. 앞의 신화에서 장기를 두어 조노기한집을 이기고 먼저 좌정할 곳을 선택하는 주인공의 당이다. 물론 이 당 말고도 인상적인 당들은 많다. 강정의 냇기리소일뤠당도 그렇고 중문에 있는 콧등이모루 웃당, 셋당, 알당도 워낙에 깊고 그윽해서 이색적인 풍경을 보여주고자 할 때 안내 일 순위로 꼽는 곳이다.

제주도 지형은 한라산을 중심으로 북쪽 제주시 방면은 완만하게 내려오는 형세고, 서귀포 방면은 급경사를 이루면서 짧게 바다로 떨어지는 형세다. 그리하여 서귀포 쪽에는 계곡도 깊고, 바다도 동해안처럼 절벽 아래 옥백 빛깔의 물결을 자랑하곤 한다.

한라산 자락 계곡에 자리하고 있는 신당들을 답사하다 보면 가파른 계곡을 맞닥뜨리기 일쑤였다. 대포동 콧등이모루 당들을 찾아갈 때도 가파른 계곡 길을 내려가며 나무줄기를 붙잡고 한 발 두 발 조심하며 내딛다가 간신히 당도할 수 있었다. 그때마다 우리 어머니 할머니들은 제물을 담은 구덕(대바구니)을 등에 지고 어떻게 이런 곳을 찾아 내려 왔을까 놀라움을 금치 못했었다.

남원읍 하례리 예촌본향 큰당을 찾아가는 길도 이 못지않게 가팔랐다. 걸시오름 산기슭과 감귤 과수원 옆으로 난 사잇길을 내려가는데, 풀과 나무에 묻혀버린 길의 흔적은 세 번째로 이곳을 찾는 나를 또다시 헤매게 만들었다.

사실 이번엔 큰길 입구부터 헤매었다. 예촌본향 근처까지 왔는데 일 년 전에 왔을 때와 확연히 달라진 골목길 초입 풍경 때문에 긴가민가했다. 들어서는 길이 시멘트 포장으로 넓어졌고, 입구에 새 집이 들어서고 있어서 잘못 찾아온 줄 알았다. 이런저런 이유로 한 해 한 해 풍경이 달라지고 있으니 여러 번 답사했던 지역도 헤매곤 한다.

어쨌든 간신히 길을 찾은 우리는 아래로 아래로 급하게 떨어지는 경사 길을 옆의 나무를 붙잡으며 조심조심 내려가야 했다. 워낙에 가파른 길이라 조심하지 않으면 넘어지거나 구를 수 있다. 나는 미끄러지지 않으려고 애를 쓰며 또다시 이런 말을 중얼거리게 된다.

"어떵허연 우리 할머니들은 굳이 이렇게 험한 곳에 당을 매어신고?"

가까스로 넓게 펼쳐진 평지에 이르면 거대한 암반 아래 위치한 예촌본향 큰당에 당도하게 된다. 울타리도 따로 없는 당이지만 입구 쪽에 동백꽃이 곱게 피어 우리를 반가이 맞이해 주었다.

올 때마다 눈앞에 펼쳐진 거대한 자연암반에 놀라움을 금치 못했는데 이번에도 역시나 탄성이 절로 올라왔다. 하로영산 산신백관님과 강

신당에서 좌정하고 있는 신의 이야기를 읽다.

남천자국 도원님, 그리고 칠오름 도병서님 세 분을 모시고 있는 당이어서 그런지 신이 깃든 당의 규모가 무척 큰 편이다.『제주신당조사』(제주전통문화연구소)에는 제주 지역에서 가장 큰 당 중의 하나로 꼽는다고 기록하고 있다.

예촌본향 큰당은 거대한 자연암반이 병풍처럼 둘러졌는데 친구가 올려다보며 '큰 바위 얼굴' 셋이 나란히 있는 것 같다고 말하였다.

"저게 눈이고, 그 아래 코가 있고……."

손가락으로 가리키며 설명하는 걸 들어보니 그럴 듯했다. 산신백관 하로산또와 장수신으로 보이는 강남천자국 도원님, 그리고 칠오름 도병서님 세 분을 모시고 있으니 딱 들어맞는 풍경이다. 우리 선조들이 이곳에 세 신을 모신 이유가 저 바위의 형상에 있다고 상상하지 않을 수 없다.

더욱 놀라운 것은 암반 위에 나무들이 자라고 있다는 것이다. 흙이 몇 줌 되지 않을 것 같은데 어떻게 저 위에서 뿌리를 내리고 허공으로 줄기와 가지를 올릴 수 있는지 그저 감탄할 수밖에 없다. 구실잣밤나무와 동백나무는 그렇게 울창한 숲을 만들고 있었다.

자연암반 아래 소박하게 돌을 쌓아 제단을 만들었고, 제단 옆의 나무에는 지전물색을 걸었던 흔적도 보였다. 당의 입구에는 고목들이 쓰러져 있는데, 예전에는 이 나무에 액막이용 닭을 올렸다고 한다.

바닥에는 신께 올렸던 술병들이 가득하였다. 요즘은 보기 힘든 '한일소주'며 '환타'병이 이 당의 역사를 말해 주었는데, 최근에 나오는 소주병은 보이지 않는 걸 보니 발길이 끊어진 모양이다. 하례리와 신례리 사람들이 다닌다는 이 당은 당의 규모로 보나 분위기로 보나 한라영산 산신백관이 좌정하고 있는 당으로 내세울 만한데 말이다. 잊혀진 신의 좌정처는 새

집이 속속 들어서는 마을풍경과 무관하지 않은 것 같아 보였다.

『제주신당조사』에 의하면 2009년 조사 당시까지는 이 당을 관리하는 매인 심방이 이어져 오고 있었고, 하례리에서 다른 곳으로 시집 간 사람도 이곳으로 와서 정성을 들일 정도로 많이 찾았다고 한다. 또한 이 당에 빌러 오는 사람들은 삼 일 전부터 정성을 들였다고 하니 신앙심이 그만큼 깊었다는 것이리라.

이 당은 효돈천 옆에 위치하고 있는데 우거진 나무들 때문에 눈여겨보지 않으면 하천이 바로 옆에 있는 줄 모른다. 그래서 여러 번 답사했어도 효돈천을 살펴보지 못했다. 이번에 다시 예촌본향 큰당을 답사하면서 사전에 신당조사 책을 찾아보다가 당이 '효돈천 변'에 있다는 내용에 시선이 꽂혔다. 효돈은 내가 대학을 졸업하고 교사로 첫 발령을 받은 지역이다.

우리는 제단에 술 한 잔 올리고 향을 피우고 나서 절하는 것도 잊고 효돈천으로 나갔다. 생각보다 효돈천은 규모가 아주 컸고, 숲에 둘러싸인 풍광이 아름다웠다. 봄이 성큼 다가온 것처럼 햇살도 따뜻하여 바위 위에 앉아 볕바라기 하기에 딱 좋았다. 그래서 시간 가는 줄 모르고 하천을 내려다보며 담소를 나누었다. 이렇게 마냥 한 시간이고 두 시간이고 앉아서 이야기를 나누며 놀아도 좋을 것 같았지만 오늘 일정 때문에 몸을 일으켜야 했다.

당 올레를 빠져나오면서 다시금 과수원 뒤로 선명하게 모습을 드러낸 한라산을 바라보았다. 아름다운 여인이 머리를 길게 늘어뜨리고 누워 있는 모습이다. 제주시에서 바라보는 한라산과 딴판인 저 풍경을 아름다운 여인의 모습으로 생각하게 된 것은 효돈중학교 근무 시절 내게

곳곳에 놓여 있는 소주병은 당에 다녀간 역사를 대변한다.
하례리 예촌본향 옆에 있는 효돈천.

하례리에서 바라본 한라산.

그렇다고 얘기해 주었던 여학생이 있었기 때문이다.

평소 아무 생각 없이 바라보는 한라산이었는데 한 여학생이 나에게 한라산은 여자가 머리를 길게 늘이고 누워 있는 모습이라고 얘기했다. 그렇게 듣고 보니 한라산 풍경에서 정말 아름다운 여인의 모습이 보였다. 그러면서 문득 말한 학생을 쳐다보았는데 한라산의 모습처럼 머리를 길게 늘어뜨리고 있었다. 그제야 관심 가지고 살펴보니 머리를 치렁치렁 늘어뜨린 여학생이 유독 많았다. 어쩌면 여학생들이 저 한라산의 풍모를 알게 모르게 따라하고 있을지도 모른다는 생각이 들었다.

2부 한라산의 신들

천기를 살피는 산신백관 하로산또 Ⅱ

◇ ◆ ◇

앞 장에서 제시했던 예촌본향당 본풀이에 의하면 내기 장기에서 이긴 예촌본향은 위쪽을 차지하고 진 조노기한집은 아래를 차지했다고 했다. 그 위라는 곳은 바로 한라산 자락 높은 지대를 말함이다. 그래서 예촌본향을 찾아가는 길 내내 오른쪽으로 한라산이 바짝 다가와 있었다.

땅도 가파르게 경사진 지형이어서 감귤 과수원들을 계단식으로 조성하고 있었다. 양지 바른 기슭에 햇살이 가득 내려앉으니 탱글탱글한 귤들이 노랗게 반짝였다. 서귀포 지역의 귤들은 이렇게 북풍은 한라산이 막아주고 남녘의 햇살은 강렬하여 달고 맛있는 것이리라.

예촌본향의 아우가 된 조노기한집은 아래쪽에 좌정했는데, 그 아래쪽은 보목리 마을이다. 한라산 자락에서 차로 운전하고 내려오다가 '보목리 포구'라는 간판을 보았을 때야 이 보목리가 바닷가 마을이라는 것을 새삼 깨달았다. 그러니까 바둑에서 진 조노기한집은 한라산 자락에서 해안가로 바짝 내려와 아래쪽에 좌정한 것이다.

조노기당은 500년이 넘는 조록나무가 동굴 위에 우거져 있어 붙여진 이름이라 한다. 이 조노기당에는 한라산신 바람웃도인 '조노기한집'이 좌정하고 있어 마을과 가정의 재앙을 막아준다고 안내문을 세워놓고 있었다. 보통 신이 좌정하고 있는 당(집)을 '큰집'이라는 의미에서 '한집'이라고 하고, 그곳에 좌정하고 있는 신 역시 '한집'이라고 한다.

마을에서 이런 안내판을 만들어 세울 정도면 평소에도 제대로 관리를 하고 있다는 걸 의미하리라. 입구 쪽 하천 옆에 산신을 나타내는 조각상이 세워져 있는 것도 마을의 관심과 손길을 느끼게 하는 풍경이다. 우리는 조각상 옆에 나란히 서서 사진을 찍었다.

조각상 옆에는 '보목마을 본향당 설화'라고 하면서 이야기를 기록해놓은 게시판도 보였다. 보목마을에서 고기잡이를 하며 살아가던 일곱 형제의 이야기이다.

어느 날 아들 일곱 형제가 바다에 나갔다가 풍랑을 만나 표류를 하던 끝에 외눈박이 땅에 이르러 화적떼인 외눈박이들에게 쫓기다가 백발노인의 도움으로 간신히 목숨을 구하게 되자 그 노인을 모시고 마을로 돌아와 살면서 많은 자손들과 재물을 얻어 부자가 되었다고 한다.

이후 세월이 흘러 노인이 죽자 그 노인이 사람의 형상을 한 신령이었음을 알고 제지기오름 아래 당집을 지어 모시다가 이곳 조노기 궤(동굴)로 옮겨 제사를 지내었다. 훗날 마을 사람들도 이 신을 본향당신으로 모시게 되면서 매

한라산 자락에 계단식으로 조성된 귤밭들.
예촌본향에서 나오다가 내려다본 보목리와 바다 풍경.

인 심방을 정하여 마을의 안녕과 번영을 비는 제를 올리게 되었다. 제일은 정월 13일, 2월 12일, 동짓달 14일로 정하였다. 이 날 외에도 마을 사람들이 먼 길을 떠나거나 관직에 오르거나 하면 이 당에 와서 예를 올린다고 한다.

무속자료사전에 전하는 당본풀이와 조금 다른 이야기지만 나름대로 재미있었다. 보목리가 바닷가 마을이니 고기잡이를 하는 일곱 형제 이야기로 당의 유래를 설명하고 있음이다. 보목리 사람들은 마을의 무사 안녕과 번영을 가져다주는 한라산신을 오늘날까지도 정성껏 모시고 있는 걸 미루어 짐작할 수 있었다.

앞의 이야기에 나와 있는 것처럼 조노깃당은 동굴이 당집이다. 자연 동굴의 입구를 막고 제단을 설립하여 제를 지내는 것이다. 이 동굴은 거대한 나무뿌리 아래에 위치하고 있어 이색적인 풍광을 자아내고 있다.

굴 입구에서 위로 고개를 들면 거대한 나무가 동굴 위에 자리하고 있는 것을 볼 수 있다. 거대한 뿌리가 돌로 된 동굴 위에 박혀 있는데 어떻게 저리 자랄 수 있을까 하는 의문은 예촌본향 큰당에서 들었던 것과 같았다. 나무 아래에 이렇게 커다란 동굴이 있다는 것도 놀라운데 주변 풍광도 이색적이고 아름다우니 입구에서부터 절로 입이 벌어진다.

동굴 입구에 문을 만들어 평소 잠가놓는데 오늘은 문이 활짝 열려 있었다. 동굴 안은 컴컴하여 전깃줄을 연결하고 전구를 달아놓았다. 하지만 어디가 고장이 났는지 스위치를 켜도 불이 들어오지 않았다. 그래서 핸드폰 전등으로 불을 밝히며 안에 들어설 수밖에 없었다.

동굴 안에는 제단이 3단으로 되어 있고, 계속 이어지는 동굴 맞은편을 막아 창문처럼 문을 내놓은 것이 집 안방에 있는 듯했다. 이곳에 처

조노귀당 입구에 세워진 산신상.

음 온 친구는 연신 감탄을 금치 못하며 동굴 안을 둘러보았다.

우리는 술을 올리고 향도 피워 절을 했다. 마침 굴 입구에 있는 양초를 발견하고 제단에 세워 불을 켜자 동굴 안 분위기가 한층 은은해졌다. 동굴 벽과 천장을 천천히 살펴보다가 놀라워 소리를 질렀다. 세상에, 동굴 천장 돌 틈에 잔뿌리들이 내려와 있는 것이다. 그러니까 동굴 위에 뿌리를 박은 나무들이 어떻게든 살아보려고 돌을 뚫고 안까지 뿌리를 내려보낸 것이다.

"결국 이런 식으로 다 사는구나!"

친구의 말 한 마디가 치열한 생명의 몸부림을 다시금 생각해 보게 했다. 자세히 보기 위해 핸드폰 등불을 가까이 가져갔다. 연약하게 보이는 실뿌리가 돌을 뚫는 생명의 치열함을 눈으로 보고 나니 나 역시 경건해지지 않을 수 없었다.

동굴 위 천장을 만져보다가 잔뜩 모래알들이 붙어 있는 걸 발견했다. 또 한 번 놀라는 순간이다. '이게 웬 모래일까? 옛날에는 이곳이 바다였다는 얘긴가?' 고개를 갸웃거리며 자세히 살펴보니 모래알들이 박혀 있는 천장에 물방울들이 반짝이며 매달려 있었다.

아, 저 물방울들을 좇아 뿌리들이 돌을 뚫었구나. 그러니 저 물방울들이 나무들에게 생명수가 되었던 것이리라. 동굴 안이 음습하지 않고 쾌적한 것도 저 뿌리들이 물방울을 빨아올리기 때문일 거라는 생각이 들었다.

이 당은 서귀포시 보목동 주민들이 단골로 다닌다고 하는데, 심방도 아무나 매지 못할 정도로 아주 센 당이라 한다. 신당조사 책에는 하효리의 고태송 심방 집에서 대대로 이어오고 있다고 기록하고 있다.

동굴 입구이기도 한 조노기당.
굴 속의 제단과 이어지는 굴 쪽으로 작게 나 있는 창문.

제지기 오름에 오르는 숲길.

보목리 마을과 바닷길을 걷다

◇ ◆ ◇

여름으로 접어든 6월 첫날, 보목리 답사를 위해 다시 길을 나섰다. 제지기 오름에 올라 보목리 마을을 전망하고 나서 마을 안에 자리하고 있는 연디기 여드렛당과 신남밋 할망당을 답사하기로 일정을 잡았다.

보목리 포구 쪽으로 바짝 내려앉은 제지기 오름은 오르는 길도 정상에서의 전망도 기대 이상으로 아름다웠다. 울창한 숲길을 오르는 즐거움을 만끽할 새도 없이 정상에 다다라서 아쉬웠지만, 곧바로 펼쳐지는 아름다운 전망에 절로 감탄하는 소리가 터져 나왔다. 섶섬이 떠 있는 바다와 옹기종기 모여 앉은 집들! 보목리는 예쁘게 그려진 한 폭의 풍경화였다.

오름에서 내려와 포구 앞에 서니 보목리 시인 한기팔 님의 시비가 세워져 있었다. 시의 제목은 「자리물회를 먹으며」였다. 우연도 이런 우연이 있을까. 시를 감상하고 나서 돌아서다가 바로 앞 식당에서 한기팔 시인을 본 것이다. 한기팔 시인은 시의 제목처럼 지인들과 자리물회를 드시고 계셨다. 사진작가 김일영 씨가 다가가 인사를 드렸고, 나는 초면이었지만 한기팔 시인께 보목리가 왜 특히 '자리돔'으로 유명하냐고 여쭈어보았다. 그러자 시인께서는 스스럼없이 설명해 주셨는데 요약하자면 이렇다.

"보목리는 농사지을 땅이 부족해서 바다에서 물질을 하고 고기를 잡아 곡식과 바꿔 먹으며 살았주. 특히 '자리돔'이 많이 잡혀신디, 덕분에

보목리로 들어서는 올레에는 잠시 쉬어가라고 의자를 놓아두었다.

자리 구이, 자리 물회 같은 음식이 발달했어. 자리로 생선국을 끓여먹는 곳은 제주도에서 보목리밖에 없주."

오호, 그렇게 된 거구나! 조노기하로산또가 예촌본향에게 바둑에서 지고 먼저 좌정할 곳을 양보한 후에 아래로 내려와 자리를 잡았다고 하는 모티프는 중산간 지역의 농토를 차지하지 못하고 밀려난 세력의 역사를 반영하고 있는 것이구나! 한기팔 시인의 얘기를 들으며 나는 신화 속 행간에 숨겨진 진실을 또 하나 깨달았다.

우리는 먼저 연디기 여드렛당을 답사하고 나서 점심을 먹기로 하고 해안가에 갔다. 이 당은 찾기가 쉽지 않은 바닷가 구석자리에 위치하고 있었는데 하로산또의 후예처럼 천문지리에 밝은 김일영 씨 덕에 헤매지 않고 바로 이를 수 있었다. 하지만 한 사람 겨우 지나갈 수 있을 정도로 좁은 수풀 속 오솔길 끝 낭떠러지처럼 깎아지른 절벽 위에 위치한 당의 모습은 이렇게 험한 길을 찾아와 정성을 들였던 조상들의 간절함을 생각하지 않을 수 없었다.

이곳은 어부들을 위한 선왕(도깨비신)과 잠수들을 위한 요왕(용왕)을 모신 당이다. 바다에 들고 날 때마다 와서 무사안녕을 기원하는 곳이라 하겠다. 까만 현무암의 날카로운 바위 위에 소박하게 시멘트를 발라 만든 제단에는 거친 바닷길을 순하게 열어주십사 빌었던 간절함이 서려 있었다.

문득 조노깃당 앞 안내판에 새겨놓은 신화가 생각났다. 바다에 나갔다가 풍랑을 만나 표류를 하던 끝에 외눈박이 땅에 이르렀던 보목리 일곱 형제 이야기! 절벽 위의 신당 앞에 서서 바다를 바라보니, 외눈박이 화적떼 역시 언제든지 목숨을 앗아갈 수 있는 거친 바다의 또 다른 표

절벽 위에 시멘트를 발라 제단을 만들었다. 멀리 제지기 오름이 보인다.

현이라는 생각이 들었다. 거친 바다를 밭으로 삼아 생계를 유지할 수밖에 없었던 사람들은 무사히 돌아올 수 있기를 기원하며 조노깃당 당신께, 혹은 해신당의 요왕신과 선왕신께 정성으로 빌었으리라.

2부 한라산의 신들

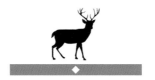

저물어가는 신화시대,
오름허릿당 하로산또

◇ ◆ ◇

오름허릿당의 당신은 백주또와 소천국의 열여덟째 막내아들이다. 열여섯째 아들인 궤네기또가 영웅적인 스토리를 써내려갔으니 막내아들은 또 어떤 편력을 보여줄까 기대가 없지 않았다. 그런데 그에 대한 이야기를 찾기가 어려웠다. 하기야 그럴 듯한 이야기가 전해지고 있었으면 내가 이렇게 자료들을 뒤지지 않아도 되었을 것이다. 궤네깃당 신화의 경우 제주 신화에 관심 있는 사람들이라면 대부분 알고 있듯이 말이다.

오름허릿당 당신이 송당계 신이라는 것조차 신당조사 책에 제대로 기록되어 있지 않았다. 2008년도에 발간한 『제주신당조사』 자료를 보면 오름허릿당의 당신은 '서편또 김씨하르방, 동편또 오름허리 일뤠중저 송씨할망, 요왕또'라고 기록하고 있고, 신의 계보는 '해신계'라고

만 되어 있다. 앞쪽에 제시한 신당조사 해설에는 송당계 신들의 계보로 '18남 제주시 도두동 오름허릿당'이라고 되어 있는데 구체적인 조사 자료에는 그러한 설명이 없는 것이다.

그래서 진성기의 『제주도 무가 본풀이사전』을 뒤졌고, 마침내 당신(堂神)이 '한라산에서 솟아난 하로산또'라고 구술한 자료를 찾아낼 수 있었다. 물론 궤네깃당본풀이에 비하면 분량이나 내용 면에서 초라하기 그지없지만 이거라도 감지덕지다. 짧은 자료라도 당 신화가 있으면 여러 가지를 짚어낼 수 있기 때문이다. 대부분의 당들은 당 이름 정도만 남아 있고, 그러한 당들도 한 해 한 해 세월이 흐르면서 사라지고 있지 않은가.

퇴장하는 신들의 세계를 예감하게 하는 오름허릿당 신화

진성기의 『제주도 무가 본풀이사전』에 오름허릿당에 대한 구술 자료가 두 개 있었는데, 그중 '제주시 삼도동 문옥선' 씨의 구술 자료에서 오름허릿당의 남신이 송당계 하로산또라 추정해 볼 수 있는 단서를 발견했다. 이 당에 좌정한 신이 한라산에서 솟아난 산신백관이라 했기 때문이다.

하지만 오름허릿당 하로산또의 행적은 그다지 하로산또 답지 않아서 나로 하여금 많은 생각에 잠기게 하였다. 그리고 보잘 것 없는 그의 행

눈 덮인 한라산 정경.

적도 그 나름의 의미를 가지고 있다는 결론에 도달했다. 이 또한 시대의 반영이 아니겠는가. 나는 오름허릿당의 당본풀이 속에서 시대의 어떤 메시지를 읽어낼 수 있을까 궁리하면서 구술 자료를 이야기로 형식으로 풀어보았다.

오름허리 좌정한 할마님은 송씨 할마님이고 하르바님은 한라영주산에서 솟아난 하로산또이다. 하로산또는 부모에 불효한 죄로 쫓겨나 여기 저기 떠돌아다녔다. 그렇게 헤매고 다니던 하로산또가 도들봉 오름에서 송씨 할마님을 만났다. 송씨 할마님은 갈 데 올 데 없는 하로산또를 받아들여 부부연을 맺었다.

송씨 할마님과 하르바님이 부부로 살려 하니 먹고 살 방도를 찾아야 했다. 부부가 손을 잡고 도들봉 오름에 올라 사방을 둘러보았다. 오름 아래 집도 많고 인민도 많고 후손들도 많아서 잘만 하면 무슨 수단이 날 듯하였다.

송씨할마님과 하르바님이 날을 잡고 오름 꼭대기에 앉아 기도를 올렸다.

"산신령이시어, 우리한테 영검한 힘을 주십서."

마을 사람들이 이런 광경을 발견하고는 수군거렸다.

"어떵허연 오름에 전에 없이 백발 노부부가 나서 빌엄신고? 거 참 이상한 일이여."

마을 유지들이 모여 앉아 의논하였는데, 오름의 어른들한테 신기가 있는 것이 분명하니 마을의 큰어른으로 대접하기로 결정을 보았다. 마을사람들은 오름 허리에 꽃을 심고 탑을 쌓은 후에 송씨 할마님과 하르바님을 마을의 본향신으로 모시기 시작했다.

그러자 마을에서 똑똑하기로 소문난 양반이 '오름에 뭔 귀신이 있겠느냐'고 사람들을 나무랐다. 그러고는 본향당에 가서 당 울타리도 허물어버리고 나뭇가지도 끊어버리며 훼방을 놓았다.

이에 송씨 할마님과 하르바님이 분노하여 풍운조화를 일으켰다. 그때부터 어린아이는 허물(피부병)도 많이 나고, 잠수(해녀)는 물에 들었다가 죽는 일이 부지기수로 일어났다. 보제기(어부)도 배 타고 바다에 가면 바람이 일어나 배가 뒤집어져 버렸다. 그러니 바다로 나갔다가 돌아오지 못하는 사람이 한둘이 아니었다.

송씨 할마님과 하르바님은 '이 마을에는 좌정할 곳이 못 된다.'라고 하면서 떠나려 하였다. 이에 마을 사람들은 서둘러 오름 아래에 다시 신당을 설립하고 송씨 할마님과 하르바님을 요왕또와 함께 모시기 시작하였다.

　이런저런 소소한 역정을 거친 후에 백주또와 소천국의 열여덟째 막
내아들은 도두봉의 오름허릿당에 좌정한다. 그런데 열여덟째 아들이
좌정하는 과정은 그의 형님들과는 달라도 아주 달랐다. 부모님한테서
쫓겨나 여기저기 떠돌아다니는, 한 마디로 노숙자 내지는 게와지(거지)
신세가 된 것이다. 그러다가 이를 불쌍하게 여긴 송씨 할마님이 거두어
주니 비로소 정착할 수 있게 되었다.

　송씨 할망은 애월 지역과 제주시 서부 지역에 광범위하게 좌정하고
있는 여신으로 아기를 낳게 하고 건강하게 키워주는 산육신이다. '할
망'이라는 용어는 신화에서 '할머니'라는 의미보다는 '여신'의 의미로
해석하는 게 맞다. 그래서 제주의 창조신을 '설문대 할망'이라고 하고
아름다운 농경신 자청비를 '세경 할망'이라고 한다. 그러니까 소천국의
막내아들 하로산또는 거지로 떠돌다가 이 송씨 할망에 의해 구제되는
신세로 전락한 것이다.

　부부신은 도두봉에 좌정하여 신으로 대접을 받는데 그 과정 또한 녹
록하지 않다. 그들은 한라영신에게 '영검(영험)'을 달라고 빈다. 본래
신으로서 영검한 존재가 아니라 이미 평범해졌다는 얘기이다. 게다가
마을에서 센 영감, 그러니까 똑똑하다거나 세력이 강한 사람이 '오름에
뭔 귀신이 있느냐?'고 하면서 당의 울담도 허물어버리고 신목의 가지
도 꺾어버렸다고 하지 않는가. 먹물 좀 먹었다는 사람이 '미신'을 내세
우면서 사람들의 신앙을 무시하고 탄압하는 광경이 그려진다.

　그러자 신이 노하여 자손들에게 허물, 그러니까 피부병도 앓게 하고,

물에 드는 잠수도 죽게 하고, 어부들의 배도 뒤집어버리는 풍운조화를 주었다. 이렇게 흉험을 주고 나서야 자손들이 다시 잘 모시게 되었다는 결론이다.

보통 신들이 좌정하고 나서 자손들에게 대접을 받기까지 자신의 존재를 알리기 위하여 풍운조화를 일으킨다는 모티프는 흔하게 등장한다. 하지만 오름허릿당 당신의 노여움과 풍운조화가 어쩐지 최후의 발악처럼 느껴져 안쓰럽다. 신을 모시고 신에 의지하여 살던 시대, 그러니까 신화 시대의 종말을 예감하게 하는 것 같아서 말이다. 그래서 마을사람들이 신들의 노여움에 의한 풍운조화를 겪고 나서 다시 신으로 모신다는 결론은 사실 해가 저무는 순간의 노을처럼, 퇴장하는 신들의 뒷모습을 보여주는 듯하다.

이제 사람들은 1만 8천 신들을 신앙하지 않는 시대이다. 신앙하던 신들이 신화 속에 박제되고, 박제된 신들마저 흐르는 세월에 풍화되어 바스러지고 있다. 그래도 오름허릿당의 산신은 미약하게나마 길지 않은 당본풀이 속에 자신의 존재를 드러내고 있으니 그나마 다행이라고 위안해 본다.

지전물색이 화려한 도두봉 오름허릿당

2020년 2월 둘째 날, 도두봉 오름허릿당을 찾았다. 이곳은 전에 한 번 다녀간 곳인데 머릿속에 저장된 기억이 거의 없었다. 첫 번째 기행 때

위낙 많은 당들을 답사 계획했던 터라 잠시 둘러보고 서둘러 다른 곳으로 이동했기 때문이다. 그래서 이번에는 오름허릿당을 포함해서 세 군데만 둘러보는 것으로 계획하고 여유 있게 움직였다. 겨울 끝자락인데도 드물게 화창하고 따뜻한 것이 봄나들이 나온 듯 마음이 사뭇 즐거웠다.

소천국의 열여덟째 아들이 좌정하고 있는 오름허릿당은 이름 그대로 도두봉 오름의 허리께에 있다. 오름 입구 장안사 절 뒤편에 있는 듯 없는 듯 위치하고 있는 신당이다. 바로 옆에 체육공원이 조성되어 있어 수시로 운동하러 드나드는 사람도 많지만 들은 바가 없으면 그 존재를 알 수 없을 것같이 살짝 숨겨져 있었다.

제주어로 '오시록허게(잘 드러나지 않게 가려져 아늑하고 포근하게)' 자리잡은 당 울타리 안으로 들어서자 화려한 지전물색이 반기듯 모습을 드러내 한순간에 우리의 시선을 사로잡았다. 화려한 물색들은 이 당의 주인공이 당연 '송씨 할망'이라는 것을 강조하는 듯 보였다. 지전은 하얀 종이를 오려 만든 저승 돈이고, 물색은 주로 여신에게 바치는 화려한 옷감이나 저고리 치마이다. 그러니 당 안은 온통 송씨 할망에게 바친 제물로 가득 차 있는 셈이다.

송씨 할망은 아이를 낳게 해주고 건강하게 키워주는 산육신이다. 그래서 그런지 아이의 명을 길게 해달라는 의미에서 바치는 명실이 나뭇가지에 걸려 있었고, 제단 옆에는 여인의 고무신과 함께 아이의 꼬까신까지 곱게 놓였다. 당 안 신목 팽나무 가지마다 지전물색이 걸려 있었는데 당을 찾는 사람들이 어떤 기도를 올리고 갔는지 그 행적을 말해주고 있었다.

게다가 제단 위 양쪽에 있는 궤(구멍)에는 음식물이 가득 담겨 있어 아직도 사람들이 자주 오고 있고, 다녀간 지도 얼마 되지 않았음을 알 수 있었다. 궤는 신이 드나드는 통로의 의미로 제를 지내고 난 후 음식을 그곳에 담아 놓기 때문이다. 그러고 보니 이 당은 제단과 궤와 튼튼하게 쌓아놓은 당 울타리 등이 제대로 갖추어진 성소였다.

오름허릿당에 온 김에 도두봉에 올라보기로 했다. 야트막한 오름이어서 걸어 올라가는 데 10분이면 족했다. 오름 전체가 공원으로 잘 정비되어 있었고, 올라가는 길도 나무 계단으로 되어 있어 걷기에 수월했다.

따뜻한 겨울 햇살에 빨간 동백꽃이 유난히 반짝이며 시선을 끌었다. 제법 살이 오른 새 한 마리가 동백꽃잎을 쪼아 먹는 게 보였다. 까치보다는 작고 동박새보다는 큰 회색 빛깔의 새 한 마리가 우리들이 가까이 가서 올려다보는데도 천연스럽게 여유를 부리며 도망가지 않았다.

도두봉은 붉은 송이들로 이루어진 전형적인 화산 분석구인 오름이었다. 겉으로 드러난 등성이가 붉은오름보다도 더 붉었다. 여기저기 나딩구는 송이 덩이들에 시선을 주면서 오름 꼭대기로 오르는 순간 눈앞에 펼쳐진 드넓은 바다와 해안 풍경이 한순간에 우리를 무장 해제시켰다.

동행한 친구가 '도두(道頭)'가 '도두봉이 바다로 툭 튀어나온 것이 섬의 머리처럼 보인다.'고 해서 붙여진 이름이라고 설명해 주었다. 그러니 바다 앞으로 툭 튀어나온 오름 꼭대기에 서서 바라보는 바다 풍경이 어떨지는 상상에 맡기겠다.

제주에 여행 온 사람들이 공항에 가기 전에 이곳 도두봉에 올라서 탁 트인 바다광경을 구경한다는 말을 들으면서, 어찌하여 제주에 살고 있는 나는 한 번도 이곳에 오르지 않았을까 생각해 보았다. 어쩌다 마음먹고 길을 나서도 깊은 숲속 휴양림이나 아름답다고 소문 난 오름을 향

오름허릿당의 제단과 신이 드나드는 구멍인 궤(돌멩이로 막아놓았다).
빛바랜 지전물색과 새 지전물색은 당의 역사를 대변한다.

하게 되고, 마을 뒷산처럼 평범하게 자리잡은 봉우리에 굳이 올라볼 생각을 하지 않았기 때문이리라.

제주 신화를 접하면서 나의 제주도 생활도 많이 달라졌다. 제주 신화 속 신들의 행적을 찾아다니느라 평소 가보지 않았던 한라산 자락과 계곡, 바닷가를 누비기도 하고, 이름만 들었던 마을의 골목길을 걷다가 뒷산에 올라 동네 풍경을 내려다보기도 하고 있으니 말이다.

도두봉 전망이 좋아 조선시대에 위급을 알리는 봉수대 터로 활용되었다는 기록이 보였다. 밤에는 횃불로, 낮에는 연기로 위급을 알렸다는데, 도두봉 꼭대기에 서면 봉수대 터로 그만이라는 생각이 절로 든다. 도두봉이 공항 가까이 있으니 머리 위로 날아가는 비행기를 수시로 볼 수 있는 것도 나름대로 구경거리라면 구경거리다. 다만 비행기가 날아가는 순간에는 옆에 있는 친구의 말도 제대로 알아듣기 어렵다는 게 애로 사항이지만 말이다.

도두봉에 서서 하로산또와 송씨 할망이 봉우리 아래를 내려다보던 광경을 상상해 보았다. 하로산또와 송씨 할망은 집들이 많고 인민 자손이 많아 대접받기에 적당하다고 판단하였다. 하지만 사람들이 옹기종기 모여 사는 바닷가 마을은 옛날이야기고 이제는 카페와 호텔, 상가, 리조트 등으로 제법 화려하다.

소박하고 한적했던 바닷가 마을은 비행기 소음으로 도무지 조용할 수 없는 동네가 되어 버렸다. 옆에 하수종말처리장이 있어서 확장에 반대하는 시위가 벌어지기도 하는 동네가 바로 도두마을이다. 하지만 상가가 밀집하고 여행자들도 많이 찾고 있어서 도두동은 부자 소리 듣는 동네라고 한다. 오름허릿당에서도 도두동 사람들의 넉넉한 살림살이를

명실은 아이의 명을 길게 해달라는 기도의 의미를 담고 있다.

느낄 수 있었다.

없이 사는 사람들은 신당에 올 때 양초 하나 들고 와 빌기도 하고, 여기에 정성을 보태 과일을 올리기도 한다. 형편이 나은 사람들이 양초나 과일뿐 아니라 화려한 색동저고리와 치마를 여신께 제물로 바쳤으니, 당 안의 화려한 지전물색이 동네 사람들의 형편을 대변하고 있는 것이다. 그러나저러나 오름허릿당에는 아직까지도 개인적으로 찾는 사람들이 많은 것 같아 다행이라는 생각이 들었다. 신앙의 명맥이 이어지고 있는 동안에는 당도 잘 관리될 것이기 때문이다.

하지만 그 신앙은 산육신 송씨 할망에 대한 것이다. 당 안의 화려한 지전물색, 그리고 명실과 꼬까신은 사람들이 신앙하는 대상이 아기들의 신이고 여인들의 신인 송씨 할망이라는 것을 말해 주고 있다. 한라산의 신 하로산또의 존재가 희미할 대로 희미해졌다고나 할까.

하로산또는 산육신 '송씨 할망'과 해녀와 어부들의 신 '요왕또' 옆에 있는 듯 없는 듯 좌정하고 있는 것이리라. 때때로 폭풍을 일으키곤 하던 비와 바람의 신 하로산또는 바닷가 마을로 내려와 열일하는 부인 곁에서 조용히 깃들고 있었다.

마무리하며

◇ ◆ ◇

이번에 '한라산의 신들'이라는 주제를 맡아 정리하면서 많은 즐거움을 맛보았다. 무엇보다도 '미륵신' 정리를 맡은 친구와 사진작가 선생

도두봉에서 바라본 제주 해안. 끝자락으로 길게 펼쳐진 곳이 제주공항 활주로이다.
도두봉에서 바라본 비행기 이륙 장면.

보목리 올레에서 만난 동네 할머니.

님과 셋이서 함께하는 소규모 답사가 매력 넘치는 길 위의 여정이었다. 빡빡한 일정으로 진행하던 답사와는 달리 여유를 한껏 누리며 걷는 기쁨을 누릴 수 있었기 때문이다.

그동안은 신당만 둘러보고 서둘러 다음 행선지로 이동하니 여러 번 다녀왔어도 그 당이 위치하고 있는 마을이 제대로 그려지지 않았다. 그런데 하루에 두세 곳만 목표로 삼고 천천히 마을길을 걸으니 비로소 '그곳에 다녀왔다.'는 말을 할 수 있게 되었다. 그러면서 깨달은 것 한 가지, 마을의 신당들을 둘러보면 그 마을에 대해서 가장 잘 이해할 수 있다는 것이다. 신당과 신당을 연결하는 길이 마을길이요, 신당에 좌정하고 있는 신의 이야기가 마을 사람들의 삶과 역사였다.

한라산에서 솟아나 여러 마을로 퍼져나갔던 하로산또들의 서사를 상상하고, 좌정했던 성소를 답사하면서 이야기를 풀어내는 과정도 재미있었다. 기회가 된다면 하로산또들의 배우자였던 여신들을 주인공으로 삼아 요즘 하는 말로 '스토리텔링' 작업을 한 번 더 하고 싶다.

참고 자료

강정효, 『제주, 아름다움 너머』, 한그루

고광민, 『제주생활사』, 한그루

김순이, 『제주신화』, 여름언덕

김서령, 『외로운 사람끼리 배추적을 먹었다』, 푸른역사

문무병, 『제주도 본향당 신앙과 본풀이』, 도서출판 각

문무병, 『설문대할망 손가락』, 알렙

문무병, 『두 하늘 이야기』, 알렙

문무병, 『미여지벵뒤에 서서』, 알렙

문무병·김일영, 『제주의 성숲 당올레111』, 황금알

박찬식, 『1901년 제주민란연구』, 도서출판 각

신동흔, 『살아 있는 한국신화』, 한겨레출판

여연·문무병, 『신화와 함께하는 제주 당올레』, 알렙

여연, 『제주의 파랑새』, 도서출판 각

여연, 『조근조근 제주신화』, 지노

유홍준, 『나의 문화유산 답사기7』, 창비

이수자, 『제주여성 전승문화』, 제주도

제주, 당신을 만나다

이형상, 『남환박물』, 푸른역사

임철우, 『돌담에 속삭이는』, 현대문학

장주근, 『제주도 무속과 서사무가』, 도서출판 역락

제레드 다이아몬드/김진준 역, 『총, 균, 쇠』, 문학사상

제주도/제주 4·3연구소, 『제주 4·3유적Ⅰ—제주시, 북제주군』, 도서출판 각

제주발전연구원, 『제주여성문화유적』, 도서출판 각

제주 4·3연구소, 『4·3과 여성, 그 살아낸 날들의 기록』, 도서출판 각

제주특별자치도/ 제주문화예술재단, 『제주문화상징』, 하나출판

(사)제주전통문화연구소, 『제주신당조사 2008 제주시권』, 도서출판 각

(사)제주전통문화연구소, 『제주신당조사 2009 서귀포시권』, 도서출판 각

진성기, 『제주도무가본풀이사전』, 민속원

한진오, 『모든 것의 처음, 신화』, 한그루

현용준, 『제주도무속자료사전』, 도서출판 각

현용준, 『제주도 신화』, 서문당

현용준, 『제주도 사람들의 삶』, 민속원

현용준, 『제주도 신화의 수수께끼』, 집문당

제주, 당신을 만나다

1판 1쇄 발행 | 2020년 10월 5일

지은이 | 홍죽희, 여연
사　진 | 김일영
디자인 | 디자인 호야
펴낸이 | 조영남
펴낸곳 | 알렙

출판등록 | 2009년 11월 19일 제313-2010-132호
주소 | 경기도 고양시 일산서구 중앙로 1455 대우시티프라자 715호
전자우편 | alephbook@naver.com
전화 | 031-913-2018
팩스 | 031-913-2019

ISBN 979-11-89333-29-4 03200